電視低能 我們 損失什麼？

──日本電視也是從低能走出

目錄

第一章

使日本成爲雜學王國的電視節目
—— 也有不可告人的低能過去

一、秀才不起床‧能知天下事

什麼樣的人看雜聞秀？
電視公司是依據這個視聽人種的 data 製作節目。

　　在日本，每個電視台每天早上、中午或下午都有長達二個小時的雜聞秀。看這節目的觀眾，老實說，並非菁英層，因為在社會第一線活躍的人，那個時間不在家。

　　日本的一個特徵是：「上班大國」。人人上班，上班族立國。

　　無論任何身份、出身，學校畢業後一定上班。受過社會洗禮後方才被承認是個社會人。「我家有錢、不上班才顯示名媛、公子身份」這是農業時代「工作就是吃苦」的落伍觀念。皇太子妃雅子婚前是外交部職員，安倍首相是神戶製鋼職員，妻子昭惠是電通廣告；石原伸晃大臣（石原慎太郎之子）是 NTV 電台記者，小淵優子前大臣（前首相之女）是 TBS 電台記者。並且大家一律從基層作起，無一例外。

　　即使有家業的子弟也都先要出社會上班，這叫「**丁稚奉公**」受社會訓練後才回來接班。因為日本的精髓是在於企業的精神文化（在書中可以看到），不進入社會實際互動是學習不到的。光是唸四年大學並不了解日本之髓。

　　「上班族立國」的意思是，因為人人上班，所以人材不零散，都歸屬在大、小社會組織內。日本之所以在戰後能夠快速復興成為經濟大國，也是因為這整齊的大齒輪、小齒輪的密切契合使社會得到

均衡與制度化的發展。

　　因此，去掉菁英層，白天在家的大都是：主婦、退休者、高齡者、學生和自由業，這是雜聞秀節目的對象。

　　雜聞秀是現在每一家電視台的高收視率與財源的大樑柱。觀眾雖然不是社會第一線頂尖的知識份子，但是他們都有消費能力，有投票權。

　　一提到「日本的電視」絕大多數的人只想到日劇，或是泡湯美食片。這是個誤解。日本的電視節目是分三大領域 ① **娛樂性：日劇、綜藝** ② **寫實紀錄片** ③ **資訊性：新聞、雜聞秀。**

　　其中的娛樂性節目因較無國界，所以易外銷，所以當我採訪 TBS 雜聞秀的製作人時，他也很訝異，這麼家庭化，純給日本國內 (domestic) 觀眾看的節目我竟以它爲主題。但是要真正認識一個國家要看最普通的人平常最常看什麼電視內容

　　本書的目的就在於相比台灣國人每天看的是什麼樣的電視？

　　相信讀者看了書中介紹的日本節目後也一定會想看那些節目，因爲台灣的知性水準不亞於日本，那些內容完全可以消化，也符合我們的水準，而爲什麼我們要忍受電視低能的現狀？我們是可以改變的，但要如何改變？

　　核電廠底下是不是活斷層？早先鴻海和夏普的合作是那裡有困難？要漲電費之前，電力公司自己作了多少成本削減的努力？那個漲幅的根據何在？西洋占星專家說今年射手座的運氣如何？今日特惠一千圓吃到飽是哪家餐廳？酒駕是連他喝酒的店家也有罪？雞蛋要怎麼選好吃的？川普總統退出 TPP 會如何影響貿易？發胖的原

因是因爲體內的一種荷爾蒙？巴拿馬文件上不付國內稅金的富人逃
的稅總額在台灣可以作什麼樣的建設？油鍋著火延燒了一百多戶人
家，但是依法不必賠償，爲什麼？ 10T 爲什麼被稱爲史上最大的 IT
革命？和生活什麼關係？今年哪家百貨公司的福袋最豪華？（提到專
有名詞，就是 NCC 禁止的「商業置入節目」的問題，會在第六章來
討論）

　　從難以理解的政策到日常生活資訊，台灣和日本面對同樣的議
題時，日本透過電視讓大眾了解事實到什麼程度？而台灣電視爲什
麼做不到那種程度？

　　不知道這些事實，國民損失什麼？當電視這個重要公器沒有發
揮國民「知的權利」和「知識的泉源」的社會就是低能。這種情況下，
國民損失什麼？

　　如果國民無從插手的話，筆者不會寫這本書，從日本電視的成
長的例子可以看到，電視水準的高、低和它的存、滅實在是決定於
你手中選台的遙控器。

　　電波、媒體的主人是國民。台灣要成爲一個公民社會，首先要
好好的整頓我們的第四權，不能再低能下去了。

二、八卦雜聞秀變了，NHK也瘋狂

不敢告訴人「我看雜聞秀」的低能過去

　　這個包羅萬象的資訊性節目日文稱「wide show」，英文並沒有這個字，這種外來語稱「和製英語」是日本人自己造的英語，是學美國的 morning show。筆者將它譯成「雜聞秀」，是因聯想日文的「雜學」。「雜」並不指劣質，雜學是指非學校的正統學問，但是也是小學問、智慧。

　　讀者若翻一下日語辭典會告訴你：「雜聞秀是以藝人的八卦閒話為主，和生活資訊的節目……」，沒辦法，因為辭典要更新內容大多要經過一載，而雜聞秀的變化就是在這十年。而且僅僅十年前，「我在看雜聞秀」有些水準的人絕對不好意思告訴別人。雜聞秀長年來就是「低俗、八卦」的代名詞、形容詞，也用來揶揄每天吃飽飯沒事作的人「在家看雜聞秀的那種人」。

　　記得八○年代我讀大學時，有些課比較晚，我在家開著電視，即使不看也「聽」得出來是在播雜聞秀，因為首先是那誇張又戲劇性的背景音樂在「報導」社會新聞：記者握著麥克風邊跑邊故做氣喘吁吁的現場報導；有時會故意驚呼大叫煽情，真的超假仙。另一種典型是，內容很稀薄只是殺時間，比如藝人開離婚記者會，從她進場、坐下、調麥克風、喝水、經紀人也入場……絲毫不修剪地播個四十分鐘。內容水準低到一般人都會瞧不起這種節目。那時身為大學生，一聽到令人發麻的雜聞秀聲音，我也會從老遠跑去關掉電視。

日本共有五大主局：NHK（公營）和四大商業台：NTV、TBS、富士、朝日。再加上地方電視台，都是這五大台的系列局共一百三十多家。各商業台都有雜聞秀，全國各系列局都同時播送。

雜聞秀在日本始於一九六四年，也就是電視台誕生時就有的節目，對象是主婦。每天早晨二十分鐘的節目和各社區的主婦作現場連線，聽她們的牢騷煩惱。每一個家庭的問題都差不多，讓大家都分享共感；也介紹各地區的特產美食等。

日本的六○年代是進入了經濟高度成長期，老公們都早出晚歸，並且隨著家電的普及，家電三神器：電視、洗衣機、冰箱，使主婦家事變輕鬆有空看電視。重要的是，在日本大多是太太管理家計，經濟權在太太手裡，電視公司（廣告商）要如何攻「主婦」這一塊是重要的課題。雜聞秀逐漸擴大成兩個鐘頭的節目。

雜聞秀在低能時代，有四大特徵：

特徵 1：藝人的雞毛蒜皮八卦是頭條新聞。

藝人的結婚、離婚、外遇、金錢糾紛是雜聞秀的最愛。缺乏藝人八卦的時候怎麼辦？那就偷拍、埋伏、跟蹤。「狗仔」日文是用義大利文的 Paparazzi，在過去沒有這個詞語，直到黛安娜王妃的死因是因為要甩掉狗仔的追蹤而超速撞車，「狗仔」行為成為爭議，日本也才開始檢討狗仔的道德問題。

「女人就是喜歡藝人的八卦」，這也是有憑據的，和時代背景有關係。在六○、七○年代日本從戰後復甦，當時的娛樂有限，不過是電影和歌唱。所以明星、歌星的一舉手一投足當然是人人注意的焦點。

特徵 2：社會新聞超戲劇化

「不得了！水已經超過警戒線了。哇～不，不，快、快跑呀。」台灣的記者不甘寂寞、煽情報導，這在二、三十年前日本的雜聞秀也是同樣。

雜聞秀喜歡社會新聞，愈戲劇性愈好。不夠戲劇性？那就自己演吧。這個記憶猶在：一位酒店老闆利用店裡的女郎用毒草慢慢毒死幾位常客，他們事先都保了人壽保險，受益人是老闆。用什麼方法毒死？這當然沒有錄影帶，記者就在店裡模擬示範表演重現。當然會加上像希區考克電影般的配樂。根本沒有娛樂和新聞的區分。

特徵 3：不知道這新聞是真是假

這一點台灣國民不會覺得異樣，因為台灣目前的電視新聞就是這個情境→不追求憑信、不求證。沒有新聞的尊嚴是最大問題所在。

在日本之所以記者會被社會信任是因為他們追求事實真相的正義精神，記者的自尊心就在此。電視新聞部的記者是公司內最菁英層，自恃、自尊很高，對雜聞秀加油添醋的「報導」，在一般記者的眼裡根本只是個娛樂節目，不配稱「報導」。新聞部「真正的」記者都很用力的和雜聞秀劃分界線撇清關係。

但是新聞部有較多的資料帶，有時雜聞秀必須借，而借了之後卻在旁白上誇大加料，比方新聞部記者採訪一位政治家談政策的畫面卻被借去用在那政治家最近和酒店媽媽桑有緋聞的報導裡。

因是在同一個公司不好意思抗議，但是新聞部的記者都私下竊語：「我採訪的帶子借給雜聞秀用會玷污我的名聲！」

特徵 4：又臭又長

雜聞秀都是兩個鐘頭，要塞滿還不容易呢。最常用的手法就是乾脆不修剪，如前述藝人的記者會全程播放；沒有畫面時就用「幻想」手法，比如聽說某藝人最近買了一棟三億的豪宅但不知在那裡，採訪小組就去某高級住宅區拍周圍的環境，「幻想」這藝人「必定是買像這樣的房子，這樣邊散步邊溜狗……」讓主婦粉絲們看得入神，彷彿這妄想都是真的。光是「幻想」可以殺一個鐘頭。

進入九○年代，筆者成為獨立製作人，白天有空看電視了，但是仍堅持不看雜聞秀，只有偶爾生病在床上實在沒事做只好看。雜聞秀依舊沒變，內容又鬆又垮。看完後會懊惱浪費時間，和看不起自己的感覺湧上心頭「終於淪落為看雜聞秀的人了……」。

而今天卻是，什麼電視都可以不看，就是不能不看雜聞秀。

我沒變，是雜聞秀變了。就在這十年。

此書將焦點對準在雜聞秀的變遷，目的是顯示：社會是會成長的，電視可以不成長嗎？前述雜聞秀在低能時代的四點特徵台灣的觀眾不陌生，那不就是現在每天看的嗎？

而日本的電視台是如何察覺到觀眾的水準變了？隨之雜聞秀是如何轉型成功的？

首先社會改變的是女人，「不上班的女人」的水準變了。

日本在一九八○年代實施「男女雇佣均等法」。之前日本社會、公司是傳統的男尊女卑→女性不論高學歷、有能力都只能作輔助男性的雜務。即使女性有某專業知識，雖允許作較有專業性的工作，

到了下午三點，是喝茶點心時間，她就得暫停會議要和其他女子一樣輪流端茶給男士；早上要替男士擦清辦公桌等，這些是「女人的本份」。

「男女雇佣均等法」使女性普遍有機會和男子並肩作同樣的專業性業務。「Career Woman」女強人一詞自此誕生。

但是，畢竟日本的男尊女卑歷史太久，整個社會的制度對職業婦女的協助非常缺乏，只要結婚懷孕後大多會辭職，因為公司對工作時間、內容、產前後的休期毫不容情。（這幾年因受其他先進國嘲笑日本不是文明國，以及出生率極低，為了鼓勵職業婦女生產，近年才將增設託兒所為重要國策）。而九〇年代有豐富社會經驗的女性不少人被迫當了媽媽後就不能再上班得在家當主婦，而這一代的主婦已經不同於上一代的主婦了。雖然同樣是在家燒飯帶孩子，但是她們有上進心、有傲氣、關心社會，也看電視。

另外，在家的男性觀眾也變了。所謂「團塊世代」即一九四七年左右出生率驟增的世代，在二〇〇七年起大量退休。這世代是日本整體平均教育水準提高，就業率達巔峰的世代，所以即使退休在家看電視，也不允許自己的「知性受辱」，心情上仍是社會的一份子。

他（她）們需要什麼樣的電視內容？

面對這社會的變化，電視公司若不對準觀眾的需求，觀眾變了而自己不變的話只會走向自滅。日本的電視努力轉舵轉形因而乘上了勝利軌道。

從軟到硬，雜聞秀口味多種

觀眾的口味變了！是如何感應到？

　　富士電視公司製作資訊局局長堤康一先生回憶九〇年代後半期，當時雜聞秀的收視率低到谷底，不少電話打進公司的「觀眾中心」部門抗議：「藝人的無聊八卦太多」，「你們以為觀眾是白癡嗎？」等等，那是過去沒有過的。對電視公司是為當頭棒喝，因而下定決心要徹底翻身改革，換湯也要換藥才能挽回觀眾。

　　堤局長說，在一九九九年富士電視台決定將早上八點的雜聞秀徹底脫胎換骨：不播低俗八卦，著重國民關心的政策，詳細易懂的解說；社會新聞要深入採訪、分析；擴增食、衣、住、行、娛、旅的資訊。成為第一個「硬派」雜聞秀。

　　其實在這十年，電視業界都不再用「wide show」一詞了，是想劃分新時代，揮別老舊低俗形象，業界是稱「資訊系節目」（不過一般人照用）。雜聞秀在這十年已經進化多歧了，多歧是指，一樣是綜合資訊節目，但是每台、每個雜聞秀的軟、硬口味多種多樣。雜聞秀茁壯為各電視台的大樑，和新聞、電視劇、綜藝節目並列。

　　說到節目內容「軟、硬」的區分標準在於，八卦、藝人的「五四三」消息成份的多寡。

　　比如富士電台早上的雜聞秀改頭換面，首先就是不要「五四三」絕不以藝人消息為頭條，即使是大事，比如巨星的結婚、離婚。但不是潔癖到零，從節目中段開始會有「五四三」。堤局長說：「人到底誰都對名人有好奇心，這無法否認，只是多少量的斟酌，和以前不同了。」

　　聽了堤局長的話，想想，確實吻合我開始愛看雜聞秀的時機。那時當然不知道電視公司在幕後大刀闊斧改變製作方向，只覺得自

己在不知不覺中把看這個節目當成早上的習慣了。可見只要製作理念一改，馬上呈現在螢幕上，有立竿見影的效果。

富士電台的這個早上的雜聞秀自此收視率大大的領先他台，也帶起了雜聞秀剛硬化的業界潮流。又剛好配合當時社會的變化（主要是自小泉內閣，政治變得有趣了，後節詳述）。新型硬派雜聞秀自此上了新軌道。

但是，一個重點，光是節目硬化並不叫進化。關鍵是一定要有趣，又可以學到時事和百科。他們的作法並不難，台灣絕對作得到的，我才會寫此書。

出乎電視公司意料的是，雜聞秀愈硬，竟然收視率就愈高，堤局長說，TBS 電台在大清晨五點半竟然推出超硬派的《朝 Zuba》專注於政治、經濟、社會、新聞。讓電視業界更驚訝的是，竟然平均收視率達到 8.9％。

是因為那位創下金氏紀錄主持人的關係嗎？我採訪了這位主持人三野文太（Mino Monta）先生（在後節），照理我應該多讚揚是歸功於他⋯⋯，憑良心分析，巨星主持人只是個助力，是節目內容本身符合觀眾的需要。

筆者對《朝 Zuba》最好奇的是，為什麼電視公司肯花大錢請這位晚上黃金時段的巨星主持這大清早大家還在睡眠的時段呢？

這個節目可沒有一般雜聞秀的軟題材，內容幾乎像一般硬性新聞節目，但是 Mino 先生以話家常般的輕鬆，又各種有趣的手法解說，深入分析新聞。

Mino 先生年近七十歲，帶著俏皮搗蛋的笑臉，什麼節目被他主

持起來都會覺得好像是在和你聊天，我很懷疑他是否真的有讀今天的劇本？他很會拿捏「韻律」，一場節目，他的喜、怒、哀、樂，有時低聲，有時會高漲聲音嚇人一跳，但是會馬上露出調皮的笑臉，筆者專訪了他，他將告訴我們抓住觀眾的「心之秘訣」。

　　剛硬的節目啟用他為主持人，只是手法之一。收視率不怕內容硬，主要是在手法。待會兒帶讀者們去電視公司實際參觀他的節目進行現場研究。

拚收視率，靠手法和內容

　　追溯到源頭，各電視台會被逼去開發早晨的節目時段，可以說是被他一個人所迫的。

　　Mino Monta（以下簡稱 Mino 先生）在一九八七年的中午主持一個節目，日文叫《おもいっきり TV》（是副詞，「很用力」，《下決心》的意思，在此就簡稱它《下決心》吧）。

　　這個《下決心》節目在日本的電視歷史上實在是一個重要的轉捩點，簡單說，以筆者為例，是從這個節目開始的，對「看電視」不再有看不起自己的「罪惡感」。

　　它是從一九八七年在日本電視台開播，每天中午十二點到兩點，直到二○○七年整整二十年，共五千一百集。

　　誰是觀眾對象？那個時間在家的主要是主婦和退休者、高齡者。每天攝影棚現場都請一般人參加，大都是歐巴桑團體。這節目內容是嶄新，也未必，全是有關健康、家庭醫療、食物營養、養生習慣等等。乍看一點也不新奇，既不刺激，但是收視率一定達兩位數字。Mino 先生的主持方法和這個節目的製作呈現方法，奠定了往

後資訊節目的走向。

　　我剛開始非常不屑這節目，也不喜歡他，只因爲那是中飯時間，就邊吃飯，邊開著電視。起先看他吊兒啷噹又懶散，有時又腰又抱胸，這個節目進行速度緩慢……，我是非常急性子，但是不知不覺就是會讓你看下去，因爲，他說話雖徐緩，但是沒有廢話，有幽默有玩笑，並且句句讓你更想知道下文。比方「豆芽菜」人人吃，但是從來沒想過這形狀之小，顏色之淡，又幾乎都是水份的小東西，原來是礦物質的寶庫！如何料理才不會使其營養分流失？才是重要。他進行緩慢是讓你思考和「反省」自己平常是怎麼料理的。另一例，糙米雖然知道它有養分，但是有沒有被身體吸收才是關鍵！在煮糙米時只要加進一大匙優格，不但可以去掉糙米的臭味，主要是這酵素可以碎斷糙米的外皮，並使它更容易吸收。

　　題材都是人人天天關心的，它的一個特點是，絕對是有憑有據的科學理論，一定邀請醫學專家、營養專家現身說法。Mino 先生的介紹方法是：「今天請到一位專家，他研究酵素長達一百二十年……」，引起哄堂大笑。幽默風趣、調皮中內容都是深入研究，也有最新（比如上一週）國外的學會剛剛發表的新發現。一些醫學的專有名詞也都是在這節目第一次聽到、學習到。

　　筆者的父親是醫生，家族也不少醫生，但是每次問他們醫學上的問題，回答不是複雜高深，不然就是一副「反正你們素人也聽不懂」的態度。但是只要經由 Mino 先生說明，什麼都聽起來都明瞭。比方說新發現體內的一種荷爾蒙 Adiponectin（脂聯素），它是胖、瘦的關鍵。他告訴主婦、高齡者了解這個新名詞的機能和如何控制。這個節目不是一般民俗傳說，而是網羅日新月異最新的學術論說。

一步一步加上後章所述的手法，由淺入深的引導你的好奇心，讓你理解後深有一股成就感。收視率達 20％就是觀眾都拍案叫懂的一個實績。

　　這《下決心》節目也變成了社會現象，只要《下決心》當天播什麼食材專輯，之後在超市一定被搶光；又比方，漁業協會在《下決心》節目介紹青鱗魚、秋刀魚、鯵等對高血壓、降低膽固醇有益，節目完後這協會的電話就塞爆了。《下決心》掀起的社會現象是日本前所未有的電視的力量。（詳細於後節 Mino 先生的專訪）

　　因此其他的電視台在中午時段和他拚都是成砲灰，只好尋求其他新天地之下，就都集中到拚早上的雜聞秀了。

　　各台雜聞秀的頭條、次條大都是以新聞為主，不會差太多，所以拚收視率要靠如何用易懂的手法讓觀眾了解政治、經濟問題；對社會新聞也更深入二、三步探討。比方台灣常播的打架糾紛，或是倒楣停車被破壞等，絕對不會兩句話報完了事，一定會從法律層面探討。必須要比一般新聞節目作更詳細說明才有雜聞秀的意義。勝負就在①呈現的手法②內容貼切觀眾生活，增加百科知識（即日文稱的雜學）。

搶觀眾勝負在於 ── ① 手法：

　　面對一般人的理解力，各台挖空心思，想花招將再難懂的政治、經濟都用清楚、易懂並引你更想深入了解的好奇心的手法。

　　筆者鎖定星期四早上朝日電視台的由玉川徹記者發表的專欄，他以一個大「圈圈餅」來說明政治、經濟、核電等超硬派內容，按

部就班讓你懂到爽；講到諾貝爾獎的 iPS 細胞時是富士電視台用短劇的方法呈現的。它開發過程的關鍵處用話劇演，留下最深刻的印象；（這兩例詳情在第三章詳述。）各電視台同樣的題材，依不同的手法，第二天收視率表一出來就知道誰輸贏。

搶觀眾勝負在於──② 雜學百科內容：

兩個鐘頭的雜聞秀，各台開頭的約三、四十分都差不多一樣是新聞時事的深解，接下來的時間就是各台大顯身手、自由發揮的拚「專欄」日文叫它 corner，也就是日本人人成為雜學王的營養泉源：

> **食**：女藝人或是名廚師的第二代，在攝影棚內現場傳授料理私房菜。和其他料理節目不同的是，會加進自己的私事閒聊，加進料理的理論知識，也順便宣傳最近的活動。
>
> **衣**：當下的時尚，比如梅雨季節時今年流行的雨衣、最新發明的倒開雨傘等。也請時尚專家批評一些實際在街頭的搭配品味。
>
> **住**：教你如何清掃家裡。專業人傳授衛浴、廚房如何清理，如何巧用日幣一百圓的小道具。
>
> **行**：比方，東京現在流行騎單車上班，但是單車也有交通規則……。
>
> **健康**：這是最有人氣的專欄，請專家、醫師以科學及最新理論說明養生、美容之道。以及介紹醫療的最新方法。
>
> **旅遊**：當下的好去處、那家旅館正在作優惠的最新消息。

購物：從最新家電，到別墅拍賣，到母親節禮物的各百貨公司的人氣商品等等（全是台灣禁止的「商業置入節目」到爆。第六章詳談）。

知識百科：傳統的文化、手藝，不讓它沒落；由藝人帶路去探討歷史古蹟或是介紹傳統工藝等等。

又比方經濟學家親自到你家看你實際每月的開銷，並替你想辦法如可以多省下多餘的開銷。

雜聞秀雖然是個大雜鍋，但是每一塊都是精心調製，隨便看哪一台，每天都可以學到一個新智慧。各家電視互拚競爭，獲利的是觀眾。

雜聞秀使家庭內出現了逆轉勝的現象。在過去，一家之主的爸爸因為深入社會所以是家裡最有知識的人，而雜聞秀大大的進步後，反而不出門的太太、兒女，變得比爸爸更懂社會的五花八門知識，爸爸在家庭地位「失墜」了。

不能再獨霸，NHK 也瘋狂

更失去地位的是原本是獨霸早晨收視率的 NHK。

在過去，早晨的節目無聊廣告商就不積極提供，電視台也就不積極創新。而 NHK 是公營不靠廣告收入（每家月繳一千三百五十圓，一年有六千多億收入），所以早上的節目可以投入巨大製作費稱霸。

早上八點 NHK 的連續劇招牌節目是不少日本人的早晨的習慣，

這個二十分的劇結束後，大部份的觀眾不會轉台繼續看接下來的一個資訊節目。並不是因爲這個節目好，只是基於人的「惰性」。當時NHK的這個資訊節目內容是呆板的新聞，生活保健資訊之後又再新聞……的返覆，但是靠「惰性」仍可以得到百分之二十以上的高收視率。

雜聞秀在低能期，廣告商不積極提供早晨的節目，因此製作費少、節目就爛、收視率就低，廣告商就更不想提供的惡性循環。不管是先有雞先有蛋，電視公司剛開始都差不多沒有太多製作費籌製早上的雜聞秀，而就是因爲前述的富士電視公司下了大賭注，徹底改頭換面，也起用主持人小倉昭，他的博學可以說是業界第一，我喜歡他極有正義感和愛心。富士電台是在小成本內花腦筋，杜絕藝人八卦新聞，將硬派內容作到高收視率，廣告商也自此源源不斷。

四家商業台雜聞秀搶盡了早上的觀眾，雖然NHK沒有廣告資金的壓力，但是收視率過低有傷自尊心，也對不起繳費者。於是這幾年也大刀闊斧的改革，接近一般的雜聞秀。想急起直追但是風評是，「矯往過正？」「太黃了吧」……。

NHK早晨的節目過去是「很NHK規矩型」：請醫師、專家都西裝筆挺，端端正正地在訴說健康保健……，而眼睜睜看著收視率低迷，於是使出轉型的絕招是，推出當家女主播有働小姐。受託了這「NHK復興大業」努力擺脫硬梆梆死板板的NHK形象。節目主持人是除了她是NHK主播，也採用了帥哥藝人使節目有働娛樂味。在呈現方面也變得非常平易、活潑。並學習商業台用花花綠綠的「大字報」標題說明。並且畫面要轉換成錄影帶之前，大家要一起做個「俏皮可愛」的手勢「Q」（觀眾大多覺得很肉麻，現在不做了）。

　　節目內容不但變得非常「白」也變「黃」，連專作色情的週刊都看不下去了。這節目的主要觀眾是和女主播差不多約四十歲左右的人看的，是男、女生理上的變化期，尤其在性生活，所以有不少以性為主題。女主播毫不忌諱是大清早，直說「性」、「SEX」、「性交」、「下部的肌肉」（其實她說的更直接，筆者寫不下去），並且示範如何鍛鍊「下部肌肉」緊實的運動，她扶著桌邊雙腳張開彎曲、上下伸縮膝蓋拚命的做，連男人都不好意思看下去了。

　　之後許多抗議電話：「早上小孩子還在家，怎麼那麼黃。」之類。

　　不過這是顯示 NHK 也開始對「傳達的手法」努力下工夫了，不再堅持把硬梆梆的內容塞給觀眾，有努力手法軟化、易消化。至於方法好壞不談，改革精神可佳。

三、雜聞秀不同於新聞節目

知性水準和收視率雙贏，關鍵在手法

我以雜聞秀為主題的一個動機是因為經歷了日本 311。

那個大災難一切是日本史上從未經驗過的，而全國人能夠沈著以對，筆者認為這是歸功於平常看的電視水準。特別是這個給最普通大眾看的雜聞秀，平時在各種知識，時事都以理論分析的潛移默化在大難中發揮了實效。

黑岩亞純先生現在是 TBS 莫斯科特派員，他一九九二年進 TBS 擔任新聞部記者。日本四大商業台（稱民間放送，簡稱民報）各有特長，比方 NTV 是以電視劇為招牌；富士是綜藝講笑節目；朝日是記錄片；TBS 則有個譽稱「新聞報導的 TBS」。黑岩所屬的「筑紫哲也二十三點」是 TBS 的招牌新聞節目。

十多年前當雜聞秀開始轉型時電視台出現了一個現象，過去極力和雜聞秀撇清關係、劃清界線的新聞部和雜聞秀的人事開始互通了。黑岩從新聞部被調去雜聞秀部門，可見是開始要強化雜聞秀的報導實力了。不過也受到一個大大的「文化衝擊」。

他回想那是在初夏，一天消息傳來，在橫濱市區內一條河有上百隻鯔魚從海洋逆游而來，是個極不尋常的自然現象。雜聞秀派他去採訪，他和外景隊趕到了現場。

原本在海洋棲生的魚，大群大群的在市區內的小河中活蹦亂跳，的確是不可思議。在他旁邊的是長年來一直替 TBS 雜聞秀工作

的下游製作公司的資深導播，他看了這光景立刻興奮的大喊：「實況轉播！實況轉播！」黑岩聽了差一點要跌破眼鏡，「鯔魚需要實況轉播？？」……。

先說明一下，世界上「新聞」的定義和台灣完全不同，正常的新聞是：第一，新聞不是娛樂刺激就好。並且新聞是依其重要性排列順序，台灣的新聞以「兩個醉漢打架」、「某藝人摔跤」為頭條，這些是世界罕有的低能、畸形。

特別是他長期在不懼權勢的著名新聞人筑紫哲也的薰陶下，加上他的父親黑岩徹是著名的新聞記者，得過記者協會獎及英國皇室勳章，對記者一職有崇高的自尊心。並且 TBS 新聞部向來有一個骨氣→絕不將「收視率」三個字掛在嘴上。因為新聞的目的不是取悅，是報導國民應該知道的事，這個精神在 TBS 新聞部是個信條。

他面對著活蹦亂跳的鯔魚視覺上確實是刺激，但是只是畫面上刺激，沒有深度啊……，叫他去作鯔魚的實況轉播，並且還要長達十分鐘！

雜聞秀的「新聞」在過去也是和台灣一樣只注重「感覺上的傳達」，也就是視覺上的刺激，而他對新聞報導的嚴肅使命感已深入 DNA 了，要他如何妥協？雜聞秀是既要有營養的報導，也要有娛樂性……這個矛與盾之間窄窄的隙間是他一個嶄新的考驗。

進化都是被矛盾迫擠出來的。不妥協水準，但又要有趣，那就對呈現方法下工夫，既保存新聞的深度也加入「製作工夫」。他實況轉播了千百隻鯔魚在河裡翻滾跳躍，極有視覺刺激之後，請來了海洋專家、環境專家解說這和大自然氣象上有什麼關係？是什麼樣的預兆？是因為海水水溫有變化？原因是什麼？並作了一個統計表圖

顯示這十年來在初夏的海水水溫溫度作比較。

這專輯得到了高收視率，他也對得起自己的記者自尊了。

雜聞秀開始播報政治、經濟是它可貴之處，因為這節目有充裕的時間能將新聞節目中無法詳解，只帶過去的專門詞語詳細易懂的解說，這個角色開始在雜聞秀裡定型了。

同樣是從新聞部調去雜聞秀部門當製作人的疋田智先生說：「**我每天花最多的精力就是在『如何易懂』上**」。這是一番工夫因為常常會遇到如何兼具魚與熊掌的矛盾：又要說明精細完整，但是又要容易懂的矛盾，因為世界上不是全都是 1+1=2，有的就是複雜，簡化了就不完整，這時他就需要決定什麼要取、捨。

雜聞秀再進化、剛硬化，但是它究竟是要輕鬆看的節目。嚴肅的政治、經濟等議題，又要觀眾輕鬆的看，是窄門也是個藝術。

他，一位從日本最高學府東京大學出身，高 IQ 很多事不用想就能理解，又向來作高知性的新聞，而要他從 ABC 開始說明給大眾理解又要覺得好玩，真的是個大挑戰。他深感有時必須割捨一些重要部份，因為加進去了反而觀眾會搞混，所以雖然它的結果是稱不上是正統學問，但是使一個嚴肅難懂的議題「軟化易消化」有啟蒙社會的貢獻。

真相不一定在眼睛的正中央

另一個雜聞秀的 DNA 就是時間長。

在過去它只是又臭又長，某藝人外遇被偷拍，三分鐘可以說完的內容刻意拉長到三十分鐘殺時間。而自從雜聞秀進化後，「時間

長」變成長處了，克服了一個電視的一個根本上的弱點→使電視比報紙文字媒體更發揮了「減少主觀，更接近真相」的報導功能。這也對日本的政局帶來了影響。

電視容易以視線的主觀誘導觀眾，在我們的眼睛的正中央不一定就是真相，有時，本質是在周邊，周邊不起眼的一個小事有時才是真相。

任何人、事、物，只要是在鏡頭特寫、電視螢幕的中央，就會令人覺得他是主角、是主題、是問題所在。他說的哪一句話是重點也全看電視公司如何剪接，電視容易刻意去操縱。為了避免主觀操作，日本電視公司的新聞部門今天要播放什麼新聞，要經過各種人的重重關卡，審核的角度多元，偏見就愈少。立場中立是記者們的信條和自尊，但是新聞節目是一小時要網羅全部國內國際新聞，每條新聞的時間又有限，只能截取重要部分，但是，有時就是只光看這個「重要部分」剪掉了周邊的篇幅反而讓你誤會，也錯過了真相。

反而透過長長的、散散的雜聞秀的播放，看到了全盤的真相。一個例子：

現日本民進黨黨魁蓮舫當選參議員兩次都是全國最高票，當時是民調人氣最高的大臣。她的功績是民主黨首創「開放型」的會議，專砍肥貓財團法人。任何市民可以去會議現場看到如何審理，一切透明公開。在國民的眼前，蓮舫大刀闊斧砍：「這個法人的預算凍結！」、「廢止！」全國民也才知道原來在國民的背後有這麼多吃國民血稅的害蟲，真是大快人心！

日本到底是男尊女卑的傳統風氣，政界的老輩當然看不順眼一

個年輕女子「目中無人」如此「恣行」，想找她的碴或是失言來追究。抓到了。蓮舫有一句話，反覆地在電視上播，也成爲當時的流行語：「當第二名不行嗎？」那是文科省所屬的超級電腦研發的財團法人，耗資千億有養肥貓的嫌疑，但是他們表示預算不能刪，因爲這樣才能開發出世界第一的超級電腦。對此全部的電視新聞只播蓮舫的回答是：「當第二名不行嗎？」這引起批評嘩然，「爲什麼要志屈當第二名？」

　　不過在時間長的雜聞秀裡，播放了蓮舫在前面說的話就可以了解她的眞意。日本人在產業上有一個傾向，一定要世界第一，但是迷失了眞正的目的。爲技術而技術，爲開發而開發，爲數字前進而前進，什麼都要世界之最，但是忘了一個根本——人用得上嗎？用了會更幸福嗎？若你有這個哲學就可以了解她之前說了一句話被剪掉：「當第一名的意義是什麼？」

　　另一個也是在這砍肥貓會議上。日本的民族性是不喜歡，也不喜歡看人被人逼到牆角。一般新聞節目只播蓮舫在砍、砍、砍，伶牙俐齒在責問支支吾吾回答不出來的法人會長，雖然看得過癮，但是覺得會不會逼人太甚？特別是當大家看到這一段，開始質疑蓮舫的作法→一位白髮的老太太是教育委員會理事長，面對要被砍的預算，她理直氣壯得反駁蓮舫：「都是妳一個人在說話，妳也應該聽聽我的訴求啊。」這句話在一般新聞節目播出後，輿論也逐漸轉爲批評蓮舫是在仗勢欺人，有公正得審理嗎？不過在雜聞秀裡播放了，原來前面一大段是這位理事長滔滔不絕，也答非所問不斷地唸著她預備好的稿子，在場的人都聽得不耐煩，蓮舫才打斷她的話。諸

如此例在雜聞秀才看得到事實的例子不勝枚舉，雜聞秀開始自形一格，和新聞節目並列為國民的資訊泉源。

四、來看日本電視公司高收視率的節目進行現場

　　很後悔這本書眞應該早半年前寫，因爲今天寒流來襲早晨氣溫只有一度，卻約好了要去 TBS 電視的雜聞秀直播現場採訪節目的進行。說實在的，這個節目我從來沒「看」過，因爲大清早五點半我一定是在睡覺，即使有時候不小心醒了過來，也是頭埋在枕頭裡，眼睛懶得張開，只用聽的。就這樣聽聽盹盹，斷斷續續的，但是到了節目結束的八點半，已經差不多都知道了國內、國外的大事小事了，眞的是秀才不起床，不睜眼，能知天下事。

　　這個節目叫《朝 Zuba》，Zuba 是日文 Zubali 的簡稱，意思是一語道破，一針見血，從名稱也知道是「硬度」頂極的節目。富士電視公司是我的老巢，但是偏偏選 TBS 的節目採訪是因爲電視界的朋友都對這個在大清早播這種以政治、經濟爲主的剛硬內容很驚訝。更驚訝的是，大多人還在夢鄉中的那時段，收視率竟達百分之八至九。（哦！對了，《半澤直樹》也是 TBS 製作的日劇)TBS 電視公司是下了一個大賭。以重金聘請三野文太（Mino Monta），日本最紅的主持人（以下稱 Mino 先生），而 Mino 先生爲什麼肯接？大清早的觀眾數量比不上他晚上的黃金時段。並且應該愼選才能維持他已經年近七十歲的體力呀……。一個肯下賭！一個肯接受！總之，這個《朝 Zuba》現象，我覺得是電視以及觀眾的口味的變化進入了一個新紀元的具體象徵。

　　這個節目的部長疋田智先生告訴我，TBS 肯下這個大賭，實在是被逼急了。當時那個時段的收視率不管怎麼拚，怎麼作就是贏不過其他電視台，最後的手段就是砸錢吧！ Mino 先生是創下世界金氏

記錄（一星期內主持最多節目的人），是日本第一交椅的主持人。當時也是他最紅的時候，而這個節目是清早五點半開始，他再大牌也要四點半到攝影棚。為什麼肯接這個節目？我問了 Mino 先生，他說，其實當時他一直憧憬想要主持硬派的節目。時機正對。

　　TBS 向來有一個譽稱「新聞報導的 TBS」，以堅強有骨氣的新聞力為名。這個新節目雖然不是新聞節目，是個雜聞秀，但是它的剛度對 Mino 先生來說正好平衡了他在中午的那招牌節目對象是中高年人和主婦。所以欣然接受了。不過，一個節目能成功不是光靠巨星主持人，關鍵是內容對上觀眾的口味。

　　帶讀者們進 TBS 電視公司攝影棚來看今天的節目進行現場。是什麼抓住了觀眾和高收視率？

　　這節目我一向是在床頭上看的，每次都覺得工作人員大清早上班真可憐啊，而今天我就是要去床頭對面的電視裡面去。這麼大清早去電視公司我是第一次，冬天早上的五點，東京的天空仍是星星閃爍。電視公司的正門沒有開，要走警備室的側門，我仍睡眼惺忪，但是所有的工作人員進出的腳步和白天一樣忙碌。

　　各國的電視公司都是戒備森嚴，此次能夠獲准進入直播節目現場，和公司內部制作現場拍照是非常難得，所以實在不能抱怨「我愛睏啦⋯⋯」。

　　這個節目有很多「之最」。最剛硬、最長時間，另一個我最有興趣的是，節目中有一個超級大大板，上面的是花花綠綠的超大字。

這是全電視台裡最大，（一個字有 Mino 先生的頭之大）寫著今天主要的新聞議題。Mino 先生必須要用雙手和腳協助才能推動旋轉這塊大板。我問製作人爲什麼需要這麼大的板和字呈現？他笑的說，之前的一位製作人就是喜歡什麼都是特大的。不過，我發現這紅、黃、綠又大的字是收視率背後的一個原因，這也是爲什麼清早時間愈剛硬的節目愈有人氣的原因，答案在後面。

　　這是一個每天三小時的節目，如何「不讓觀眾生厭」Mino 先生的味道是關鍵。它分成各種段落、各專欄（corner）分別由不同的男、女主播四、五人輪流作報告。清早時間觀眾起床時間不同、觀眾不少是中途才開始看的，所以會重覆議題內容的流程二、三次，但是我發現並不會生厭，因為有趣、有深度。

　　今天現場的三位論客來賓是：前總務大臣片山，他曾是岩手縣知事，他的行政大改革深獲民心，現在仍是國民的喉舌，第四權的代表。經濟專家逢坂小姐和律師若狹先生。分析和論評都是由專家發言。

　　而 Mino 先生對這節目的價值是什麼？

　　人氣高到創下世界金氏記錄的主持人，讀者們大概想像他是位帥哥、嘴巴甜、好好先生、不得罪人……？不，正是相反。Mino 先生是日本三大毒舌之一。日文「毒舌」是指不留情、單刀直入命中要害的批評。（另外兩位是小倉智昭和古館一郎都是正義感極強，國民的第四權的代言人。）

　　不過「毒」也要配合一下觀眾的生理時鐘。這個節目剛開播時的高收視率嚇倒了其他電台，不過幾年後掉下來了。我發覺人的感覺都差不多，這也是我當初不想看這個節目的原因。有時大清早醒

過來，半醒狀態下打開電視會聽到怒聲「這些官員在搞什麼鬼！可以這樣亂用稅金嗎！」接著用手大力拍著背板，砰、砰、砰……，不用鬧鐘也會嚇一跳馬上全醒。雖然知道他是在罵政府，批評官僚，可是觀眾會覺得一大早就在被挨罵，不舒服。人的生理的時鐘是，剛醒過來的時候是處於副交感神經的主控，也就是非備戰狀態，所以一點壓力會感到特別大。製作組猜想可能這是收視率降下的緣故，於是請他改變作風，將「大辣」改成「小辣帶點甜」。他是巨星但是不傲面子，馬上改變作風，結果收視率果眞又回升了。

　　這一點是台灣必須學習的。**日本樣樣領先台灣是因為他們肯作台灣不肯作的。日本社會最注重就事論事直來直往，不會傲個人面子。地位再高，再大牌都會接受批評，周圍人也敢建言。這是和台灣最大不同，也是台灣進步的障礙。**一個比方二〇一六年我邀請日本前首相菅直人先生來台灣，他和林全院長會談時，外交部翻譯者的速度是異常緩慢，筆者參加過各種國際會議，速度是有標準的，特別是首腦都是最忙的人，翻譯都必須注意時間效率，那是極反常的行爲。只剩下十多分鐘，而最重要的「電業自由化必須同時開放送電設備給國民和業者」，將沒有時間談到，我當下催促翻譯翻快，他立刻翻快倍速成爲正常速度，才使會談內容濃厚，院長也再延了三十分，結果是好的。但是院長之後不高

興，表示我批評翻譯太慢有失院長的面子。

速度快慢不是主觀是可以客觀測量的。面子大於是非；小我的面子大於國民利益，迂腐的思維和心態何談要改革？民主社會不允許的，民間團體行公文給行政院要求偵察。政府必須學習就事論事，和日本外交仍用台灣式的馬屁文化，以為卑躬曲膝就是「親日」，這是台灣所謂的「知日派」的無知。不敢直言理論就事論事的殖民地心態，何談和日本對等外交？如何談判核食、漁權，替國民爭取權益？

今天節目的內容和現場流程

三個鐘頭的節目依順序有固定的流程，分成許多段落：
- 今早的人物（今朝的臉）

詳細介紹焦點人物或是組織（比方 IMF 是什麼？其實大多數人似懂非懂）。

今天是：對敦賀核電的下面是活斷層的調查結論，日本原電（核電組織）提出反駁，說科學證據不足。
- 今早的各報的頭條

日本的四大報之外還有五個小報（日本稱的 Tabroid 是以運動界、演藝娛樂八卦為主的報紙，如常以八卦為頭條新聞的蘋果日報，在國外是歸類 Tabroid）。各報的頭版新聞的介紹。

我喜歡這一段，因為我不會去買小報，但是頭條都寫得超誇張的很好玩。不要小看八卦報紙，有時它的獨家報導是事實爆料！比誰都快！

Mino 先生的妻子過世時，在這一段節目裡，他還得自己介紹自

己上了報紙頭條呢……。

- **即時新聞**

和新聞部現場連線播報即時新聞。

- **屋頂上的天氣預報**

這苦差事是新人主播的位置，都要通過這個洗禮。每天大清早在 TBS 大樓頂上報天氣，無論颱風、下雪。必須要在戶外報的意思是不但可以看到外邊是晴、陰、大雨、小雨？之外，她穿的衣服的薄、厚，都是給要出門的觀眾一個參考。

- **運動界、演藝界娛樂新聞**

雖然這個節目是走剛硬路線，但是並不潔癖，娛樂新聞，該報的還是要報，今天是：花式溜冰選手淺田眞央得了金牌，凱旋歸國；職棒橫濱 DeNA 挖角成功；著名歌舞伎中村勘三郎今天出殯。

● 今早的詞語

新聞的關鍵詞語的解說。今天的主題是中國的貧富差距。剛好我在場，指導 Mino 先生中文「仇富」的發音。

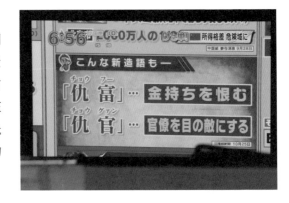

● 特別演出：

我沒口福，運氣好會碰到的「特別來賓」是美食！上次是將一大鍋黑輪抬到棚內，Mino 先生和來賓在節目中圍著鍋子吃。主題是介紹黑輪是便利商店的冬季主力商品，各店的特色、賣點的比較。

又有一次，過完年一月七日的「特別來賓」是一億五千萬的大鮪魚。依日本漁市的習俗每年頭一次的標魚叫「初標」，大家都願意出超高價討吉利。那年創下史上最高，是一家迴轉壽司連鎖店的主人標下的，他當天帶著那條鮪魚來到棚內，在節目中當場切，當場作壽司給大家吃。這些特別演出是讓觀眾感到節目非常生活化、溫暖可親。

節目的壓軸是在約七點二十分，這個段落叫「跨越八點」。因為要跨越八點很不簡單，八點是觀眾決定「轉不轉別台」的界線，因為他台的招牌節目都是八點開始，而這個節目偏偏不在八點結束，要跨越到八點半，是信心吧！

這個壓軸在那個「業界最大」的背板，主角上場了。

今天的主要新聞用它詳解：

「北韓飛彈延期，火箭正在分解中」
「敦賀核電廠下面是活斷層，日本原電反駁」
「選舉局勢，自民黨可望得三百席」
「諾貝爾獎山中教授結束了頒獎行程返國」
「經團連（經濟團體連盟）對政治提出建言」

　　Mino 先生首先說明：北韓原本公布在三星期內要發射「人造衛星的火箭」，實際是要測射飛彈，這對日本是一個極大的威脅，因爲第一，它公布的軌道是飛越日本國土和美軍基地的沖繩島，第二，

北韓的頭號敵人是美國和日本，若這次發射成功，即使聲稱是和平目的的人造衛星，只是彈頭不同，可以變身為核子導彈。並且若這次遠程成功飛向菲律賓外海，也表示換個方向即可轉向日本和美國。

幫助理解的各種工具

台灣最需要改進的在此。日本報新聞絕不會像放鞭炮十秒報完了事，絕對讓觀眾懂到不行才罷休。

如何讓觀眾懂？這就是各台拚收視率的手腕。

筆者將這些輔助道具分為電子和類比。也就是最先進和最原始的。

電子類是：① 多用途電腦螢幕，② 超大 iPad。

多用途螢幕在台灣和其他各國也很普遍，那個超大 iPad 是觸控

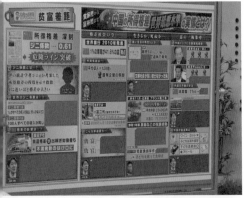

式的，背後是 Lazer 鐳射光。主播容易控制說明進度。

井上貴博主播的特集三個

① 敦賀核廠下是不是活斷層
② 中國貧富差距是世界第一嚴重（依科學數據說明）
③ 快要議院選舉了。從數字看出選情

以上是日本國民每天看的雜聞秀內容的代表例子。

節目結束後的反省會

各電視台現場節目播完後一定都有一個「反省會」。中文「反省」聽起來很嚴重，但日文則是「反思檢討作改善」。

我不太好意思的問我是否也能參加？因為那個會都是自己人，反省的內容都是難堪的內容，不宜被外界所知道的指責批評或是自我檢討。但是日本人的這種自我檢討反思的精神就是進步的關鍵。

八點三十分節目結束，各自收拾後，早上九點，全體節目工作人員共聚一堂，有人邊吃著便當邊開會，這一點無妨，因爲大家都很認眞的討論剛才哪一段有失誤。比方疋田部長他再大咖也反省：剛才的灰椋鳥的特集，他應該用紙板畫上地圖顯示車站和住家、商店街的距離關係，這樣才更清楚……；剛才作三個專欄的井上主播也提出對自己剛才的作法的不滿。那個專欄從頭到尾約七、八分鐘，我發現他完全沒有看劇本台詞，一個接一個下去，我還眞佩服他呢，是什麼他不滿意？他說：「當我在說明『從數字看選情』的時候，我應該『適度』一點」。日文「適度てきとう」有很多意思，反省會結束後我私下問他的眞意，他說：「那個專欄是一連串的數字，我一個接一個作得太緊湊、太密了。內容濃密，所以我應該有時把話丟給 Mino 先生，或是多問一下來賓的意見，多一點輕鬆的空間。我想觀眾聽了我剛才那段一定會有點喘不過氣來。」

在我看來，他有將他該說的、該做的達到一百分，但是，他要求他自己的一百分並不是做完自己份內的就叫一百分，「一百分」是包括觀眾看了之後有沒有完全消化、如何感受，才叫作一百分。這一點拜託台灣電視一定要參考。

（井上貴博現在二〇一七年是早上八點雜聞秀的當家主播。）

五、從北韓飛彈突襲到中午播出的 兩小時幕後奮戰

連美國國防部情報局都沒預料到，何況我。

我選擇今天去採訪 TBS 的雜聞秀現場竟然碰到了這千載難逢，可遇不可求，在「非常狀態」下電視公司內部的作業實況。

全世界在那一刻呆住了。剛才五點的節目中才說北韓宣布衛星火箭發射要延期，全世界正在猜是什麼原因的時候，突然剛才九點五十分左右發射了。最受北韓威脅的是日本。這個彈頭要換成核武是不費力氣，此突襲對日本的震驚是超出讀者的想像，各大報社都在街頭分發著臨時新聞「號外」，路上的人都搶著拿。電視公司 TBS 最快的資訊節目就是中午十二點必須作一個詳細特集報導，只有兩個小時，工作人員在幕後如何奮鬥制作？筆者在場作了實錄。

剛才的節目《朝 Zuba》的反省會結束後，我還是有點睡意，在咖啡廳喝杯咖啡後約好十點要採訪中午十二點到兩點的雜聞秀《Hiluobi》（中午時段之意）的製作幕後。到了《Hiluobi》部門卻沒有人在位子上，只見大家圍成一團，在人群中央製作人亢奮得大聲喊著指示誰要協助剪接組，誰去協助取材組，誰去找資料帶子，誰去連絡軍事專家，誰和政府連絡……。我九點五十分在咖啡廳，完全不知道十分鐘前發生了什麼事，更不會想到北韓，因為剛才在節目裡才在說美國的衛星探照到北韓正在分解火箭。看了旁邊的電視，政府正在作緊急發布，飛彈正飛越沖繩島上空，這樣我才真正的醒過來了。全世界被北韓實實在在的擺了一道。

其實在飛彈突襲的約兩小時前發生了一個國內蠻震撼的新聞，

使大家手忙腳亂。一位叫角田的婦人在這二十多年來和她的兒子及
手下們連續殺了至少八個人，並且將屍體放入鐵桶灌入水泥後丟到
海裡，是日本犯罪史上罕見的殘暴的女人。她上個月被逮捕入獄竟
然今天早上在獄中自殺了。讓犯人自殺在牢裡這是警察極為丟臉的
過失，並且死法是在看守走後的十分鐘內，她躺在被子裡用襯衫勒
自己的脖子死的。好離奇、好恐怖……，已經整理出 run down，也
正在安排要從兵庫縣警局作連線轉播時，北韓的飛彈突襲，所以必
須全部徹換原先的內容，立刻製作即時專輯。而且當然要深入。

　　筆者想要採訪這中午的雜聞秀《Hiluobi（中午時段）》，是因為
剛才的《朝Zuba》是男性化、硬派的雜聞秀，而《Hiluobi（中午時段）》
則是較女性化、軟派，（是配合中老年男、女的生活作息吧）。這個
節目也是最典型的雜聞秀，也就是也會以藝人消息為頭條（但是會
有深度分析，後詳述）。另外是著重於生活資訊、社會知識、健康美
容、貼切生活的法律上知識，以主婦日常為主。剛才《朝 Zuba》的
疋田部長兩年前就是在這個節目，他告訴了我這個節目其實也是經
過了一個大蛻變才有今天的高收視率。
　　《Hiluobi》剛開播時，勁敵是朝日電台歷史悠久的一個雜聞秀，
所以 TBS 的中午時段就避開同一性質，專作女性的資訊節目，偏向
高級、豪華路線：銀座的三星級餐廳的午餐；各名牌今年的最新款；
熱海的別墅生活；某名媛常去的健身房；什麼甜點最夯……等等，
但是收視率是低到不行，無可藥救。
　　疋田部長記得轉機是從酒井法子吸毒被逮之後，逃亡的那一個
星期明確上升，自此他改變了作風。

　　清純玉女偶像酒井法子的先生在涉谷的路上被警察質詢，因爲警察一看就知道是剛嗑藥的樣子，要他家人出面才知是酒井的先生。警察懷疑酒井也一起嗑藥，要她一起去警局驗尿，酒井說必須要先接小孩下課，她一走就逃亡了一個星期。一星期就是體內毒品成分大多排出體外。這個新聞很震撼，因爲她形象清純可愛，也主持小孩子的節目，大家很難接受這個事實，這就不同於一般的藝人五四三了，疋田部長就積極投入這個新聞，暫停「貴婦奢華」路線。

　　她躲在那裡？行動電話公司發現在山梨縣的一個小村有她的行動電話的信號，採訪小組就湧去那裡，每天有不斷的新消息。另一個深入探討的問題是，這顯示毒品已經滲透到可以輕易購買了。雜聞秀播出許多警方扮成一般人向販毒人買毒品時偷拍下來的證據帶子；以及一些現正努力戒毒者的現身說法。

　　中午時段《Hiluobi》深入採訪毒品流通的現狀，結果收視率大大的上升，大家也都出乎意料之外。「哦！原來這樣深入探討觀眾會喜歡……」。《Hiluobi》的新聞深入採訪的路線自此定下，收視率扶搖直上和朝日同時間的雜聞秀不相上下了。（至今二○一七年朝日電台已換新節目，《Hiluobi》仍屹立不搖，一切原班人馬。）

　　今天「飛彈突襲」更是全國緊盯的，不能辜負眾望。

　　回到節目的製作現場。看著滿堂人跑來跑去的混雜，我也不好意思和製作人長談。一位工作人員就帶我繞一圈看製作的幕後。經過一排的剪接室，平常一個小剪接室裡只有一個人，今天有三到四個人擠在裡面，大家聚精會神地剪接，找資料帶，如火如荼的要趕得上十二點的播送。

　　唯一高興的是旁觀者的我，因為是我最想看的就在眼前實況表演。

　　筆者的這本書最想傳達的就是「電視的呈現的手法」，如何將深、難、枯燥無味但是重要的議題，以最容易的方法呈現給觀眾理解。

　　這節目呈現的手法和其他雜聞秀一樣，一定用的道具是：大板塊和小板塊（稱 Flip），都是紙板、手工勞作做的。（台灣的名嘴們也都採用）

　　這個節目裡有一個段是收視率最高的「中午特集」，約二十分鐘詳解一個議題。它的特色是用一個大板塊（照片上面貼滿了遮蓋。主播一個一個翻開遮蓋，一個一個敘述的流程，我也是最喜歡這個段落，也一直好奇這個大板塊和遮蓋是怎麼作的？今天在製作幕後看的很過癮。

　　它一般是前一天就作好，（第二天的特集前一天工作人員在現場直播完後工作到下午三點），很少像今天的突襲臨時要變更，要全部

重新做，並且要在兩小時內。

大板塊和遮蓋的製作過程
為什麼需要遮蓋？

台灣電視台永遠忽略的是：觀眾有在思考！給觀眾思考的空間就是和觀眾互動。思考→理解→互動，人就不知不覺一直看下去。

製作之前導播、主持人、四位論客和工作人員要開製作會議，決定今天以北韓飛彈突襲爲議題。接下來決定特集內容的流程：首先，先從北韓人民吃都吃不飽，爲什麼還要執著於飛彈？（一次發射要八百億日圓）這是因爲金日正總書記的遺訓，「北韓要成爲強盛大國」。這一點爲整個流程的開端。

如何有系統的以起、承、轉、結作理論性，由淺入深的說明，整個流程決定後，一步一步順序全都在大板塊上，一步循一步的誘導前進。以遮貼的方式目的是引發人的好奇心，更想知道下一步。

❶ 整個說明流程要用幾個步驟說明？每一個方塊內是要呈現什麼意旨？這是先用手寫的草稿，如此傳給美術部。

❷ 美術部照意旨繪製成圖，或是只有文字，或是以照片、漫畫呈現。美術部先把製作好的草案輸入電腦，大家看著電腦討論、修改，決定後才開始列印。

❸ 一台在 TBS 美術部的彩色列印機寬達一百六十公分，在日本國內僅僅有數台，它是這個節目的招牌大板塊的幕後功臣。

❹ 正在列印中。

❺ 十二點了，節目已經進行了，還剩下十分鐘就是今天的特集

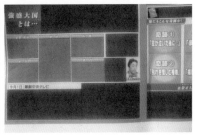

時間，就是這個大板塊上場的時間了，但是在攝影棚的旁邊原本好不容易趕時間已完成的內容，卻因臨時有更改，大夥就又拆下來，貼上新的內容。

　　貼上去很簡單，而費事的是要作許多遮隱貼紙。一片一片剪下適合的大小，背後噴上膠，這是最麻煩的，因為噴太多，待會兒撕不下來，噴太少一下子掉下來看到答案就沒意思了。並且噴膠後要搧一下紙讓膠略汽化，節目中會比較好撕。就剩下幾分鐘了，原本一直在旁邊陪我的工作人員高橋小姐也顧不得陪我，急急忙忙進去和大家一起剪貼、搶時間。就在播放時間的廣告時間內終於完成了，大板塊推進了現場。

　　❻ 齊藤主播上台，照劇本首先說明北韓飛彈的用意何在。

　　從北韓的國訓「強盛大國」開始逐步說明發射飛彈的目的。

B. 小板塊 Flip

　　節目正在進行時，臨時有新消息傳進來，原來美國之前就有通知日本政府一個情報：北韓可能在二十一日左右發射飛彈。工作人員就急忙在棚邊，但是要工整的手寫這個消息。

時間的順序表也以紙板說明，
如此一目瞭然。

台灣的電視台會說「我們也用
啊」，但是最大的問題是「不在乎
觀眾有無百分之百消化」，背板的
字密密麻麻看不出重點；主播的解
說近乎是聽覺暴力的機關槍速度，
也不知重點何在。（這心理因素後
章述）

另外一個道具，不常見，但是
今天十足發揮了威力──大模型。

在廣告時間，兩三名工作人員
分別抬進了兩個大模型入場，一個
是飛彈模型，另一個是北韓飛彈飛
越日本領空到菲律賓的太平洋上的
立體飛行軌道。這也是剛剛出爐，
用保麗龍作的。

主持人用這模型說明：北韓此
次是徹底成功，一切如計劃，打上
了「人造衛星」上了軌道。（知道
是有一個約洗衣機大小的機器循著
地球在轉，但不知是真的人造衛
星，還是探照機）飛彈的殘骸也如

計劃準確得分三段脫離，這三段各自掉落在太平洋的什麼地點，從這立體模型看，準確又一目瞭然。

這場臨時製作的混戰，有條有理的在二小後呈現在電視上。

兩點節目結束了，我也參加了反省會，製作人的話使全體工作人員得到了安慰：「大家兩個小時內可以作到這樣的結果，相信別台一定驚呆了吧。」

其他內容

《Hiluobi》節目的特色是有約二十名的一般來賓坐在棚內，這是上網報名參加。今天的前一個鐘點全部是北韓相關的內容。第二鐘點是和現場來賓及觀眾以問答方式互動。這個時段每天內容多采：健康、日常的法律知識、美容養顏、社會常識等等，一定請專家前來現身說法。

●今年流行的腸病毒，是相較三年前的八倍之快速傳染。它的特徵是從病人的嘔吐物由空氣傳染，因此如何處理是關鍵。今天請了醫師前來說明腸病毒感染的原因及症狀，接下來以問答方式進行，如何處理污物？錄影帶上表演四個例子，在棚內的論客和來賓

都一起舉牌回答。

　　和來賓（及電視機前的觀眾）作問答互動，使節目更活潑。人是自己百般思考後得到的答案才會留下印象，別人馬上告訴你答案效果不彰。

　　●健康的專欄結束後，接下來是每週三定期有關「錢」的專欄，是由荻原博子經濟、消費學專家，她站在主婦的立場提出如何作有智慧的節約；或實際拜訪某家庭，替你規劃有效率的收支家計計畫。踏實又貼切生活，這是很受歡迎的一個專欄。

　　今天因為離議院大選僅剩四天，她的專欄是有關選舉時的費用。因為這費用是來自我們國民的稅金，我們當然要知道是怎麼用的？

　　她上場第一個問題：「各位知道眾議院大選花了多少我們的稅金嗎？」由來賓各自舉手回答。

　　答案是在二〇〇九年的選舉用了六百零二億（總務省數據）共有四百八十名議員當選。所以就是說一個人當選，稅金用了一億二千五百萬。（這都是以逐一掀掉遮紙的方式進行）。

不過選舉費用由稅金支付的原因是要避免只有富人才會當選的問題。所以選舉用的必需品，如海報、事務所的招牌、運動助選員的臂上識別都由國家發行。每一個候選人都一樣的數目，自己多製作是違法。（台灣現在仍縱容砸錢選舉，比如電視廣告等等，是大大侵害民主的骨幹「選賢與能」的公平性）。

哪些什麼東西各花了多少稅金？

汽油費約 9 萬	宣傳車的看板約 20 萬
司機約 15 萬	明信片約 26 萬
事務所看板約 16 萬	Villa（小屋約 46 萬）
宣傳車約 18 萬	海報約 111 萬

　　稅金用多少？怎麼用？用的有意義？請讀者不要小看這個題目，這正是國民的「第四權」的縮圖：

　　即使行政、立法、司法准允的政策，經媒體公開、解剖給大眾判斷，若不合常理，就反應在民調、公民結團抗議，和選票上。

> ●接下來又是和來賓的問答。下面三個，那一個是動用稅金？
>
> A.選舉宣傳用的明信片郵資？
>
> B.宣傳車上的擴音器？
>
> C.爲運動的飛機票錢？
>
> 大家舉牌子。掀開遮紙，**答案是：明信片郵資是稅金。**
>
> 稅金最多花在選舉時的這幾個項目裡：
>
> 二〇〇九年
>
> ・宣傳名信片郵資十五億四千萬
>
> ・候選人免費乘車卡（鐵路和巴士）七千一百萬
>
> ・政見播送製作費補助一億七百萬
>
> ●開票作業的人事費用多少錢？（全國有三十一萬人參加開票，加班費也是稅金）
>
> 若開票作業是三小時，從晚上九點至十點，一小時二千九百七十九圓，從晚上十點開始算深夜加班費，一小時三千五百三十一圓。掀開遮紙，**答案是：三個小時，一個人要一萬零四十一圓。**
>
> ●若加快開票效率，減少一個鐘頭可以節省多少稅金？

掀開遮紙，**答案是：3531 圓 ×31 萬人＝ 11 億圓可以節省。**呼籲「開票作業即使縮短 0.1 秒也可以節省經費」，推動開票迅速化運動。

一個劃期性的小工具可加速開票，是什麼？ A. 裝草莓的盒子，B. 裝豆腐的盒子，C. 面紙的盒子。

掀開遮紙，**答案是：A。因為開出來的選票必須全部排齊並且同一方向。草莓盒子的大小和選票差不多，開完的票一張就放入盒內，可以減少整理的時間。**

再提醒一次，這是我們的稅金，國民要知道一分一錢的用途。

我一直不大看《Hiluobi》的原因不是很喜歡這位主持人惠俊彰。但是今天我親臨幕後製作現場和節目現場對他大大改觀了。今天才知道惠俊彰原來是個講笑藝人（他的同伴是現在台灣也常看他出現在美食節目的大胖子石塚），他僅高中畢業，但是今天親眼看他在節目製作會議桌上，他讀透透前面擺的四大報紙，詳解國內、外

新聞，和製作人、律師來賓、軍事專家討論今天的議題。節目進行中，他翻也沒翻 run down 劇本，全都記住了。四十多歲的他，是這幾年才苦熬出頭。很感心的是節目結束後，他和來賓的八代律師，兩人必定會和在場的來賓二十多位歐巴桑開聊個約三十分鐘，二個鐘頭下來他沒有倦色。聽製作人說，這是出自他本人自願的，公司並沒要求他奉獻精力服務現場觀眾。愈是吃過苦的人，愈懂得惜福，也明白是靠每一位觀眾的支持才有的收視率。二〇一七年今天惠俊彰仍把持那段時間最高收視率的寶座。

　　人人對台灣的電視感到低俗，而業界的朋友永遠的回答是：「因為製作費不夠」。這也是我寫此書的目的，在第三章內詳述：台灣的電視有一個錯誤的迷思，以為一定要是聳動、驚駭、離奇、殘暴，或是外星人奇謎，才會抓住觀眾。我是會想看，但是這些題材究竟是有限。抓住觀眾的題材並不遠在外星，其實就在身邊。身邊實用的題材深入探索就有趣，只花腦筋不花錢。

　　這些是幾個節目作過的特集：相信都是讀者們有興趣的，但是台灣電視曾有這樣深入嗎？作不來的原因是什麼？

內容提供 TBS

❶ 有關智慧型電話的專集。什麼是智慧型電話？它除了電話能作什麼？現在該買嗎？

● 總賣量的圖表，從二〇〇八年至二〇一二年約賣四千萬隻，表示它的普及度。

● 它的功能的介紹。但是其實和它反方向的「超簡單電話」也有增加的傾向。

● 年長者的行動電話也普及了。簡單電話的特徵是讓老年人方便使用，號碼按鍵大，沒有多餘的功能。它的賣量竟然占第三多。

產業資深新聞人表示：今後可能會出更「超簡單智慧型電話」。

❷ 熊貓在上野動物園生產了，是二十四年來第一次，不過不到一星期就死了。這是當時的專欄：

● 熊貓的成長過程。剛生下來沒有巴掌大，沒有嗅覺、聽覺，眼睛只是一條細縫，但是叫聲特別大。第三週，四十天後，成長到

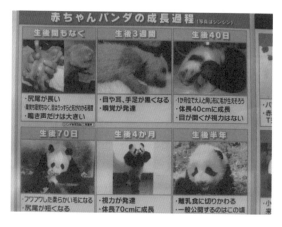

內容提供 TBS

四十公分，眼睛開了，但是尚沒有視力。七十天後，到了第四個月，約七十公分，視力才發達，出生後半年可以吃一般食物，這才公開給大家看。

● 雌雄很難辨識，比如「Tonton」開始說是雄的，但是五年後發情時才知道是雌。

● 熊貓帶給日本什麼樣的經濟效應？

據關西大學宮本教授推算，日本掀起的熊貓旋風刺激的經濟效益達二百零八億。它包括從全國各地前來上野動物園所花的交通、住宿、購物等之外，有許多熊貓的商品也開發了，如 T 恤、球鞋……等等。

❸ 年底有大選，而選舉期間什麼是違法？（已經民主那麼久了，但是其實大家似懂非懂。有的人是不知道而觸法。）

● 候選人的違法行為：
・親訪各家各戶拉票
・對提供便當或酒給前來競選公室的客人（但是茶點 OK）

● 選民的違法行為：
・在候選人的海報上塗鴉。擾亂候選人的演說
・接受候選人的錢

日本的選舉法是自一九五〇年實施，它確實很複雜，所以各黨都有專業人員指導。

❹ 久等了！每星期五的《中午特集》是藝人消息！這也是用問答進行。

由一家小報記者 A 小姐主持。

問：媒體是怎麼探聽到藝人的「戀愛中」或結婚的消息？

答：大都是從演藝界傳出來的。

問：怎麼拿到獨家報導？

內容提供 TBS

答：① 有的是一般人爆料給媒體。

　　② 記者常去藝人們常去的店家探聽消息。

　　③ 注意藝人身上的一些變化，比如有沒有多了一個戒指；或是高跟鞋變平底鞋（懷孕了）。

　　④ 記者要作的功課是，背下車牌號碼，背下她的生日看那一天和誰在一起。

問：獨家報導是什麼時機見報？

答：① 有的是立刻登，有的會等二、三天。

　　② 特別是職業棒球季結束後，新聞不多的時候最好。

　　③ 但是有時候是藝人自己佈下的圈套，為了自己的電影的宣傳故意被狗仔「偷拍」炒成話題，所以媒體反而是被利用。

六、專訪世界金氏記錄名主持人 Mino Monta

有趣不在難易，在表達方法

　　他的人氣創下金氏記錄是因他在一週內主持節目的時間是世界最多的三十四小時十五分鐘（不包括廣告時間），也是擁有最多直播節目。在日本沒有一天不見他在電視上，從早到晚，各電視台的招牌節目都是他主持。

　　他主持的節目種類之廣也是無人可比，佔滿晚上黃金時間，如《上學去吧！》、《寵物世界》，都是給有學生的家庭全家觀看的；前述的《下決心》是給中、老年人及主婦；《朝 Zuba》超硬派以新聞為主的雜聞秀，以及風靡世界的知識問答節目（始於英國，原名叫

《Who likes to be a millionaire」》日文稱《Quiz Millionaire》，全部答對獎金是一千萬日圓。雖然是個全球化的節目，他獨特的調調是這節目的賣點。

他的影響力是，他主持的節目會引發社會現象，他說的話會成爲流行語。比方前述在他中午的節目只要說「雞胸肉能助長肌肉發達」，下午超市就會賣光；「踮腳走路可刺激腦的活動」，傍晚在公園看到每個人都踮腳健步。電視的力量當天就看得到。

不過他最大的貢獻是在於改變了電視的意義，使電視不再是「傻瓜的箱子」（第八章述）

陳　弘美：我對看電視沒有罪惡感是自從看您中午的那個節目開始的。意思是，之前覺得看電視是在浪費人生，對不起自己。您的那個節目能夠將艱深的醫學理論，最新的醫學專有名詞解說到連中、老年觀眾不但懂，又實用、又著迷。比方我會在某時間鎖定一個節目那是第一次，也是第一次感到電視是一個學習新知識的機器。那個節目眞是電視史的一個轉捩點。

另一個轉捩點是，中、老年主婦看的電視可以達到這麼高水準，那個節目是如何開創的？

Mino 先生：那個《下決心》節目開播的原因是當時 NTV 電台在那段總是拚不過別台，比如在家的年輕人鎖定富士電台的中午節目，於是我們開始研究觀眾層，只剩下中、高年的女性那個時間在家，而且發現她

們大多轉來轉去沒有固定看那一台。於是我們就決定鎖定這一層。那中、高年的女性對什麼有興趣？美容與健康？吃什麼？什麼生活習慣可以美麗又長壽？我們鎖定這一類路線，但是一個重要的原則，必須具有醫學、科學根據才有說服力。

而剛開始我們工作人員和觀眾的水準是一樣的，在搜集資料時根本是一知半解，但就是不斷得去參加學會發表，領取資料回來研究。漸漸的發現了一些關鍵語，比方重要的營養素、荷爾蒙等，那就專對這些關鍵功效，以及如何應用在日常上作解說。

陳　弘美：我的家人大多是醫生但是每次問醫學問題，總是回答得很艱深複雜，「反正你素人聽不懂」，而您如何能將那些關鍵語解說到中、高年主婦不但聽得懂又有興趣的更想深入？

Mino 先生：在我的節目之前，電視界確實有那種風氣，好像把一件事說得非常簡單易懂，會被看輕，有損自己的地位尊嚴。但是那是錯誤的，因為你自己要先了解百分之百才有能力將它分解到最簡單、最低門檻讓人懂。要誘導由淺入深就要站在觀眾的立場上想，用什麼方法最易解，那裡會比較難解？難解的地方如再把它分解（嚼碎かみくたく）。其實不管再難的，只要有心、有智慧，一定都可以讓觀眾了解。這是過去大家不肯做的，好像要講得愈難愈受敬仰。而我們走反方向，愈難、愈複雜，我們就用愈

幼稚、簡單的方法一步一步解說，愈低次元的方法愈好。一個比方，我在節目說明過，為什麼「多咀嚼」有益健康，因為慢慢咬可多分泌唾液，食物易消化，並且顎骨的運動會刺激腦的活動。就是這麼低次元的方法說明，不用專有名詞，但是觀眾不知不覺學到許多知識。這一點是我們最下工夫的地方。而且人一懂就有成就感，就會更有興趣看下去，也就是那個節目成功的原因。

陳　弘美：那個節目給了中、老年人很大的「自尊心」，覺得自己仍在上進，仍在吸收新知識，沒和社會脫節。不過之後年輕人也愛看。

Mino 先生：如何和觀眾有一體感很重要，將觀眾全部帶進來一起參加。方法是要和觀眾同步，同樣的思考速度進行節目，所以我們作了和觀眾互動的問答，一步一步引起更想知道下一步的好奇心。其實只要將心比心，自己怎樣會有興趣，就能了解觀眾的心。

　　這讓我想起第一次和 Mino 先生見面時，我隔著桌子和他打招呼，按照我寫的國際禮儀書內，我是後輩不應隔著桌子打招呼，但是因為當時他和別人在一起，我不好過去打擾，而我印象深刻的是，他主動繞過桌子過來走到我的面前遞名片，以示積極誠懇。他是長輩其實不需要這麼作，但是我知道他知道依他在演藝界的地位，一般人大概會緊張，所以他刻意比對方更態度低調，讓對方輕鬆。雖然只是一個他無意識的小動作，這不就是 Prerentation 了解對

方的（觀眾）心情。

沈默不是空白的時間

雜聞秀有兩種主持人，站著的人和坐著的人。

現在日本流行站著主持雜聞秀的風格也是始於 Mino 先生。他的說話速度就像平常和一般朋友閒聊般，輕鬆、自然（但是不邋遢！這很重要！）並且他有一個特徵，有不少無語的沈默時間。（台灣電視台請參考）

日文有一個字「間」（讀音 Ma)，一件事與一件事，一句話與下一句話之間的時間上的間隙空白。他在節目中有許多不說一句話的空白時間，但是很奇妙，比方筆者是超急性，很討厭慢吞吞的浪費時間，但是從來沒有一次感到 Mino 先生不說一句話，全場無聲的時候是冷場，那個空白的時間並不空白，不覺得「你是忘了台詞嗎？」

陳　弘美：我覺得您主持節目最獨特的是在那誰都無法模仿的「間」。那個「空白」很像中文的「無為」，雖然不說話，但是是有意義的「無」，好像宇宙的黑洞，有「高密度的質量」周圍會被吸進去，真是個藝術。

Mino 先生：我的這個沈默不語的「間」的語術應該是從我主持《Quiz Millionaire》的時候開始的。

（註：《Quiz Millionaire》節目的進行方式是：當來賓下定決心要回答時，Mino 先生會問：「Final answer？（真的是要這樣答嗎？）」來賓緊張的回「是的！Final answer」，接下來就是 Mino 先生的臉部特寫鏡頭：約十多秒鐘不說話，凝視著來賓，表情似笑非笑，又像惋惜又像恭喜。全場的空氣緊繃，來賓也快憋死，每一秒都是煎熬。有

的藝人憋不住求饒「拜託快點說啦！」這個沈默的十秒是這節目的最高潮。）Mino 先生說出他那個神秘又有力量的沈默的眞正的涵意。

Mino 先生：不說話的時候，其實是在和對方在互動的重要時刻。彼此在作無語的對話，我的不語是把球丟給對方：「你確定嗎？要不要再考慮一下……」，對方則心裡在想：「我這個答案眞的 OK 嗎？……」反覆思考自問。我自己要沈得住氣不怕冷場，這是要經過自我訓練的。

我過去也是說話快得像機關槍（Mino 先生是廣播電台的播音員，從 DJ 開始的）是從主持中午那個節目開始，我一下子改掉了那個習慣。這個沈默的時間是給觀眾思考的空間，等待對方的想法，這就是一種無形的互動。但是說實在的，剛開始誰都會擔心冷場，沈不住氣，但是還是要忍住，要有 Guts 耐住。說話緩急的拿捏是一個重要的語術，漸漸培養出來的有這個獨特的「間」，這「間」是很有味道的語術。

什麼是抓住觀眾的心的竅門

我想這是大家最想知道的，人氣創下世界記錄的主持人，抓住人心的竅門是什麼？他的答案我很意外，他立刻說：「就是要誠實。」

他被封稱爲日本三大毒舌之一，對監政絕不鬆手。對來賓政治家、官僚也面對面得嚴詞厲句質問。另外在態度上，有不少是筆者在禮儀書中說，不可以做的肢體語言，如抱胸、叉腰、不直站。

也有別的主持人這樣會覺得傲慢，但是他做就不會有反感，為什麼？有的主持人伶牙利嘴，只讓人覺得刻薄，而為什麼他做就不會被討厭？

答案在牆壁上。

棚內的壁上掛了一個大旗幟，圖案是一艘大漁船滿載而歸，這艘船叫《朝 Zuba 號》。疋田部長告訴我，這是在 311 東日本大震災之後 Mino 先生向東北災區訂製的，天天掛在棚內，一來給災民打氣鼓勵，二來表示永遠不會忘記 311 的悲慟。他多次和災民連線時，眼淚流到節目像中斷似的停頓一陣子（讓觀眾感動的時間並不是浪費）；災民來的信，他一定親筆一封封回。

真正感動的是當直接抵觸到他的利害關係時他的決策：日本在 311 過了半年之後逐漸出現一個現象，當我請電台製作人朋友作一個

特集報導「進輻射災區救動物的善事」時，因為是好朋友，他坦白告訴我的：「有關災民、災區的報導，收視率都會掉下來了」。因為半年來每天都是灰黯的災區和避難所的畫面。觀眾不是不再關心，只是實在是看厭了。他表示無奈，但是收視率的圖表線很現實，他不太想作。

《朝 Zuba》節目的全名是前面加上「Mino 的」。節目冠上他的名字、也以他的臉為這個節目的 logo 標誌，他是節目的靈魂，收視率也就是直接對他個人的一個具體的分數、人氣的指標。雖然他目前是天王巨星，但是沒有寶座是永遠的，明天開始人氣沒落也不奇怪，必須要珍惜現在的高收視率，這一點他比誰都清楚。這個節目不例外，只要畫面一出現灰灰黯黯的東北災區的畫面，收視率就馬上掉下來。而堅持要報導災區災民，今後也要持續報導的就是 Mino 先生本人。

他也堅持每天要打出字幕「死者數目、下落不明者數目」（因為找到遺體數目天天變）。他告訴全體工作人員：「提高收視率就靠其他內容加油吧！災民、災情要持續播下去。這不是收視率如何的問題，一個節目會受到社會的信賴就是這樣建立起來的。」

我想，其實觀眾看到的不是表面，電視是如同 X 光，一個人的所為所云是不是出於一顆真正的慈悲心。

編註：在此採訪後，2013 年 10 月 Mino 三野文太在 NTV 電視公司工作的兒子，因竊盜未遂被捕。他自責教子無方，要求停掉這個日正當紅的《Mino 的朝 Zuba》。這是身為有影響力的公眾人物的社會責任。

七、「是觀眾改變了電視水準」

你手上搖控器的力量

「實在是觀眾改變了電視」。我終於讓疋田部長吸了他今天的第一口煙（因為值得忍受了），他深深的吸進了一口煙，語重心長地吐出這句話。

負責 TBS《朝 Zuba》的部長疋田先生，一九八九年東京大學畢業，當時是以 1/1000 人的競爭率考進了 TBS。首先就在招牌新聞節目的「筑紫哲也的二十三點新聞」擔任記者，之後二十三年來都是在新聞部、資訊部，因此雜聞秀一路的蛻變、成長，他的親身經歷就是一個縮圖。他記得非常清楚，他感覺到觀眾的口味變了的那個契機、那個時刻。

當你覺得這位主播說話沒有內容，這位記者報導雜亂，這個名嘴明顯地在捧權勢等等，雖然很不爽，但是算了，忍一忍吧……，當你邊罵這個節目低俗而仍停在那一台，就是對它投贊成票，助長它的收視率。

我們隨便按的搖控器，當你聽了疋田部長的話，你會驚於它的影響力。

收視率是精密到瞬間，╳分╳秒的收視率是多少？那時是什麼在螢幕上？誰一出場，誰的人氣度多少？，數字不留情，明確顯示觀眾的審判。

疋田先生自二○○一年從新聞部調去了一個新開的節目叫《Broadcaster》是個新口味，在每週六晚上八點。他笑著說：「當時算

是個高檔的雜聞秀。」高檔的意思是，給在社會第一線工作的爸爸們在週六晚上在家可以輕鬆看，既有綜合一週的政治、經濟、社會新聞的深度分析，也有娛樂的段落「給爸爸們看的八卦雜聞」。剛開始收視率平平，疋田先生回想到上升的轉捩點竟然是從深入報導日本的「道路公團」的內幕開始的。

任何國家都有官、政、商圍綁起來的利益共同體，這個組織一定都是歷史悠久、銅牆鐵壁、神聖不可侵的「聖域」。台灣方面是國營企業台電、中油等典型的例子。日本過去有「道路公團」、「厚生年金」、「郵政儲金」等，聽也知道這是金礦油田。掌控它的是除了管轄的官僚之外，日本稱「族議員」的政治家。「族」的意思在這裡是指，在一領域是專家的議員，和背後有利可圖的企業。官、政、商既得利益者形成利益組織，關上牢固的大門，自己人在裡面吃大餅（國民的財產）。

沒有政治家會想碰這聖域，知道是飛蛾撲火。而偏偏就是有樂於送死的政治家出現了——小泉純一郎。

小泉的貢獻是他一一搗毀這以前沒人敢碰的聖域禁區。但是他一個人的力量是絕對作不來的，第四權就是他的後盾。

小泉是第一位首相規定自己每天早晚一定面對記者，也就是面對國民，這稱「掛肩ぶらさがり」，站著回麥克風。

他能夠搗毀聖域實在是靠國民的力量。國民如何發揮力量，實在是靠電視揭發真相的力量。日本的「道路公團」創於一九五六年，瓦解於二○○四年小泉的「構造改革」。

筆者仍記得很清楚那個鏡頭，主張民營化的代表石原伸晃議員進入會議室和公團會長談判，之後從會議室出來的石原在電視

鏡頭前一臉茫然地說：「會長說：『你們這樣改革下去，會出人命哦……』」這是威脅？那是在密室中兩人的對話，會長否定有說那句話。石原究竟是公子哥兒出身，當時不過四十來歲的嫩薑，看他半嚇呆的眼神，不會是騙人的。諸如此類，每天對抗既得利益者都有報導新進展。

小泉稱既得利益者「抵抗勢力群」。十年前的事，但是疋田記憶猶新。每當他作一個道路公團的報導，小泉首相如何攻，公團如何抵抗，視轉率的圖表線就是在那一個段時間漲高。這是國民和既得利益者的抗爭。那一刻是疋田第一次發覺：「原來觀眾並不討厭，反而積極得想深入這種硬性的話題。」

頻頻的高收視率給了記者鼓勵，大家不是光報導表面的事，各自深入追查。日本雖然是亞洲民主化最久的國家，但是仍有不少國民看不到的死角，肥貓啃國民。比方各地有許多根本就很少人用的大馬路，或是高速公路，是為建而建。政、官發工程，企業就賺，自然輾轉流到自己的口袋裡。記者們一一揭發這些利益勾結的道路，並採訪當地居民的困惑。這一播放又是收視率高跳。

記者們大舉進軍「聖域」，對道路公團內部作偵察。這些稱為特殊法人、財團法人都是有國民的稅金投入，台灣記者請切記自己的權利，凡是有動用到一毛國民的稅金，就有義務要公開。一看帳簿，理事們的年薪都上千萬，稅金是用在養大批退休的官僚肥貓（日文「天下り」あまくだり）。

日本的高速公路費是世界第一貴，國民才知道繳的費大多是在養廢物。內幕一播放，那一段的收視率又明顯的高跳。

另一個小泉改革的主軸是民營化郵政局、年金改革。疋田回

想，他起先覺得年金的議題非常沒趣，沒有高潮起伏的戲劇，只有枯燥數字的解說而已，但是大大的出乎他的意料之外，收視率也高。年金是每個國民貼切的議題，而至今爲止，大家對它的知識卻很少。其實，大家是想知道，但是又懶得自己去理解複雜的東西（這也成全了政府，最希望國民什麼都不知道乖乖聽話最好）。在電視上一步一步地「連猴子也聽得懂」的方式解說，從最初步的：厚生年金和一般國民年金那兒不同？如同幼幼班，但是結果又是高收視率。這告訴我們只要聽得懂，什麼都有趣。並且誰會不關心這麼貼身的事？

　　記者幾乎每週都有新調查資料出來，不斷創高收視率。道路民營化之後要搗毀的聖域，民營化的是郵政局。

　　節目中揭發了郵政儲金和厚生年金竟然是這麼被官僚在背後自肥流用，並且投資失敗。日本是全世界負國債最高的國家，二〇一七年達一千一百兆，但是平衡負債的是日本人的儲蓄金額超越負債達一千七百兆。政府運用這巨大的財政儲蓄和年金作投資稱「財投」，因爲是政府操作，所以國民從沒懷疑過。而竟然從電視的介紹才知道，國民不監督眞是不行。國民第一次知道自己的錢這樣被流用，比如：日本全國有數百個超大規模、超富麗堂皇的「保養所」（類似大飯店），運用年金蓋的叫 Qreen Pia，運用郵政儲金蓋的叫 Campo 宿。但是因爲地點偏僻，又無景點特色，很少人使用，而每一所一年的維修費、人事費都是數十億的虧損。這又是一個爲蓋而蓋、爲官僚肥貓蓋的。電視揭發了，收視率持續走高。內容是既沒有娛樂搞笑，也沒有煽情聳動，就是實實在在、平平的事實深入報導而已，人人關心。疋田說：「那個節目基本上是個雜聞秀不是新聞

節目，所以我們要在乎收視率不然廣告商不提供。所以我們並沒有刻意要作「高尚又知性」的內容，只是作和觀眾一樣程度的報導而已。而那些深入報導就是符合觀眾的程度」。他說「高收視率就是觀眾告訴我們：『繼續作下去！』的鼓勵。」

我問疋田，既然揭發貪污自肥等弊端都是國民愛看的，那為什麼以前都不作呢？

疋田想想，並不大確定地說：「以前大家都沒注意到那裡吧……」

這也是我想提醒台灣國民，台灣真正的民主化不過二十多年，連日本也是經過了五十年，國民方知自己的權利。這些過去被奉為「聖域」都是來自國民的血汗錢。在民主國家，國營企業的頭家是國民，有絕對的權利掌握國營企業和外廓相關組織一切一切的進出帳。台電的老台詞「這屬企業機密不公開」是個笑話。第一，國營企業用上稅金就有義務公開。第二，一家壟斷沒有競爭對手就不需要企業機密是常識。

國民首先要覺醒自己是頭家，國民注意，電視才會注意。要偵察政府的路子在民主國家這個門是開的（依憲法必須是開的），要去敲門，實在是看記者的心志。

是雞先變？還是蛋先變？

是政治先變？還是國民先變？還是電視先變？

當我問疋田是雞先變，還是蛋先變？

他立刻回答：「是雞先變。」

他是指，是政治先變了。（這是他的想法，我有點不同）

他說：「政治議題會在雜聞秀節目中報導得用力又詳細，是自小泉政權開始的。」當時，小泉政權被政治評論家嘲諷為「雜聞秀政權，雜聞秀內閣，劇場型政治」，雖然是在挪揄，但是筆者感到是背後有個無形的巨大的變化——國民 VS. 政治的力學關係巔倒的開始。

國民會對政治有興趣，是當國民感到自己的力量可以反應到政治的時候。一個永遠不變的政權，比方北韓的金王朝，中國共產專治或是台灣過去的蔣政權下大多數人只有認命。日本雖然是高度民主國家有足夠輿論的力量，但是政權自戰後一直都是自民黨，一直到一九八〇年代後期才首次政黨輪替，即所謂「五十年的自民黨體制的崩潰」。首次政黨輪替讓國民感到沒有不變的政權，自此對政治有興趣。台灣的情況亦同。

小泉純一郎雖是自民黨，但他有句名言：「自民黨不改革的話，我就搗毀自民黨。」

疋田在那 TBS 的硬派雜聞秀《Broadcaster》的歲月正好和小泉內閣一樣自二〇〇一至二〇〇六年。「只要播小泉就有高收視率」他表示原因是：「因小泉首相有形」。意思是，和過去所有的政治家不同的魅力是，小泉大膽不怕被抓到詞語上的小辮子，他一切敢明講，講讓國民易懂的話。一般政治家是盡量曖昧，盡可能模糊自己的立場才不會讓政敵找到碴。

他說話不用敬語，在國會質詢、辯論都是直來直往、乾脆俐落。碰到政敵詢問他不知道的事就說「你問我，我問誰？」不狡辯、不找藉口。用平易，誰都聽得懂的話，反而更受國民尊敬。

小泉能夠成為當時空前最長壽的政權，全是國民的支持力量。因為照政治力學他是永遠當不上首相的。日本的首相不是國民直

選，執政黨內那個閥派人多有力、那閥派的老大就當首相，閥派的人數是靠老大的金脈。這種國民如同局外人無法作為的金脈政治是國民遠離政治的原因。而小泉沒有閥派，他只靠民調。依民調，他的人氣最高，所以地方上的自民黨員知道要選勝，必須靠小泉當招牌，他因而有地方黨員支持，而當選總裁。

所以，實在是民調（民意）改變了政治。而民意是根據什麼判斷呢？電視的力量很大。

一個政治家是為私欲，還是不顧利害全豁出去，就寫在臉上。回到剛才迁田說「小泉有形」這不是小泉計算作秀，因為他卸下首相之後就宣布全身退出政壇。依他的人氣他可盤踞在幕後操縱，但是他毫不猶豫放下了一切。從這一點也可以知道他當時確實不是為私欲，一心一意只為改革全部豁出去。面由心生，看人格需要電視畫面。自從電視多多報導政治，政治家多多出現在雜聞秀之後，改變了政治生態。政治家是為謀權謀財，還是無我無私，電視螢幕像 X 光。

政治 VS. 國民 VS. 電視，這三者是連動的因子。是雞先變還是蛋先變？起因是那一方都沒關係，重點是，蛋不會直接變成雞，成為第四權的力量。必須經過孵化過程。「孵化」就是電視媒體的功能。**「孵化」是：媒體負責偵查事實（Fact finding）和傳播。社會功罪讓國民知，複雜的政策讓國民懂，才能孕育國民的判斷，輿論第四權才能誕生。**

這三者誰先動都可以，那就國民先動吧，政府 NCC、廣告商、媒體就會變。

第二章
電視被塗鴉，國民損失什麼？

一、不看電視，誰最高興？

失去「知」與「知識平台」，台灣民主跛一腳

現在人人怒怨「台灣沒有法官，司法死了」，讀者覺得這和這個現象有沒有關係？

約十年前在台灣看到一個非常錯愕的電視新聞：某法官因懶得寫判決書，就拿別人的判決書來照抄，結果狀上的罪行根本牛頭不對馬嘴而被發現……。而更震驚的是，這則新聞在主播霹靂啪啦、機關槍掃射的報法下，不知來龍來脈在十秒內就結束了。緊接著的新聞是某藝人似乎有隆乳嫌疑。那法官的新聞僅僅是許多花絮新聞中的一小段？連續兩個錯愕讓筆者久久回神不了。

這位法官的行爲是一國的司法的信用從根柢受損毀。若這在日本或任何正常的新聞節目會是頭條新聞，也會持續每天詳報，深掘這位法官的背景出身、資歷、何時、對什麼案件、用什麼樣的手法抄襲、抄那一段？有無類似受害者？街頭國民的感想。法務大臣要謝罪辭職如何對國民交代？

這十多年來台灣的電視新聞沒有進步，日日劣化；親受腐敗司法之害的人日日增多；讀者覺得這兩者成正比的沈淪是偶合嗎？

民主的體力在於國民的知與知識。電視的社會任務就是知與知識的平台。

知：電視是社會的公告欄。

媒體偵察事實將之透明化、公佈功罪，伸張正義感。國民先要

知道事實才能夠判斷、興起輿論，即第四權。電視是生活中最容易得到資訊的方法，是最有效「知的權利」的平台。

　　知識：電視也是社會的學校。

　　我們在學校的知識只是基礎，面對日新月異的發展，新知識的來源必須靠媒體日日追趕世界傳達給國民，以及政府頒佈的政策的詳義和影響。再難，媒體也要說明要觀眾懂。

　　一個筆者深深感謝日本的電視發揮了知與知識平台的功能的是核電的知識。核電不像政治、經濟，即使不是學校主修，經常耳濡目染也可得到常識。核電是冷門知識，很難靠耳濡目染自然懂。在社會上誰教你？

　　一個核災可以滅國，它是個重要的公眾議題，但是它不同於其他的公眾議題如統獨、婚姻平權、廢死等是依個人的感性，價值觀，不需客觀科學知識判斷。而核電則必須憑科學知識判斷。比方十多年前抽不抽煙只被視為是個人的喜厭不同而已，而現在二手煙增加肺癌70%可能性的科學常識普及了，抽煙不抽煙不再放在同一個平台上了。核電也是如此，反核、擁核不應放在同一個平台上，因為只要有常識，是的，常識就足夠，不必專業知識，就知道核電無法解決問題。光是「核廢料處理」專家就對無言以對。擁核、反核不同的只在於肯不肯面對問題而已。並且面對「無解」是過一天算一天，反正退休就不干我事；還是自己用的電自己解決？就如抽煙，明知會害別人，還照抽。是良心的問題。

　　核電的知識要普及只能靠媒體→社會的學校。

　　核電最利於貪污，因為它有「專業知識」的金鐘罩作為屏障。台灣的核電最令人寒慄的是政治家不作功課，應該監督但都不敢碰。日本是連鄉長、里長懂的知識都比台灣的立委多。

　　這和天天看的電視水準有關。

　　包括政治家，大家對核電的最大誤會是以為一定要是專業知識才有辦法監督。不，日本雜聞秀的一般常識就夠了。（專業知識交給賀立維博士等人）因為台電、政府原能會欺騙國民的內容都是常識的水平。

　　觸發筆者從二〇一三年開始反核活動的原因是：宜蘭縣政府打電話來日本找我，因看了我的《日本311默示》希望我能幫忙安排縣政府考察福島核災的內容。那為何宜蘭縣要考察核災？縣政府告訴我，因為福島核災後，政府原能會將逃命圈從原本的五公里擴至九公里，而宜蘭離核四，九公里，覺得很危險……。我不敢相信耳朵聽到的，因為日本在核災前逃命圈就是八公里，而因此使成千上萬的居民受輻射曝曬。沒有避難計畫的浪江町副町長親口告訴我，核災當下居民都不知如何逃、往哪兒逃？甚至離核廠四十公里飯館村至今仍是嚴重污染無法居住。因此全日本避難計畫都已擴大到三十公里。而台灣當局竟將已證明是失敗的八公里政策用於國民。

　　三十公里避難圈在日本是常識，而全台北市就在核一、核二距離三十公里內的事實多少市民知道？其他如原能會前主委蔡春鴻「台灣地盤穩如蓮花座」；台電前董事長黃重球「福島核災和地震無關」；陳布燦「世界上斷然處置很少失敗」；這些足以滅國的欺騙在日本都是常識水準。

　　筆者成立了「地震國告別核電日台研究會」是因為發覺台灣媒

體若不多報、詳報，國民實在沒有學習核電知識的門路，於是我請日本處理核災的專家和國會議員來台直接告訴國民事實。(活動已結束，八次內容請看此會 FB)

日本在核災前核電知識也不普遍，都是在災後各電台各種節目用各種易懂的方法說明才普及。

筆者發現，若日本在核災前國民有知識的話，核災不會發生。福島核災的原因之一是「人災」，國會事故調委會的報告指出「regulatory capture」指應受監督的電力公司反而勢力凌駕於應監督的政府。這正是台灣的現狀。

國民必須監督專家，因為專家只是頭腦有專業知識，但是問題是在「心」，「心」決定是否將這個專業知識用於自己的私利不顧社會？國民要監督只需基本常識，以下是實錄：

前述的「斷然處置」是台電、原能會洗腦政府上下宣稱「有此措施萬無一失，絕不會有核災。福島就是因為沒有作才導致核災」。

「斷然處置」名詞很唬人，但是了解內容會噴飯。試想，快鍋的水要燒焦了怎麼辦？主婦會立刻先降壓快鍋，打開鍋蓋加水吧，是的，這就是安全神主牌斷然處置三步驟：降壓、灌水、排氣。(馬英九前總統說要「摧毀核廠」就是爐心灌海水之誤)。但是問題是核電不是在廚房作菜，一切不得你操控。地震會破壞那個部分沒人有辦法預知，那三個步驟在核災當下完全無法運作：當時日本政府也下令灌海水進爐心冷卻，灌不進去，因為爐心內是高壓，低壓打不進高壓是初中的物理學常識吧。

台電、原能會說 311 當下日本政府沒作「斷然處置」，這是真？是假？真是台灣國民的福氣，我在二〇一六年第二次邀請核災當時

的首相菅直人先生來台作「電業自由化」的研討會。真是台灣國民的福氣，在外交部的聚餐，台電總經理和原能會副主委將共席。我決定要他們三人當面對質，弄清楚這神主牌的真假。

在席間，我請那兩位趁此難得的好機會當面問核災當事人菅直人前總理核災時有沒有作「斷然處置」？然後呢？兩人都低頭不語。

和台電總經理、原能會副主委兩位專家共餐的兩個小時，證實的許多事實，這些是攸關全民核安，必須公開（當場有十多位一起聽）。要感謝李大維部長的晚宴（這大概不是初衷，顆顆顆）。

是從原能會副主委開始的，她對菅直人前總理說：「台灣有記取福島核災教訓，現在在原子爐上方設「生水池」，（這是核一，十萬噸，核二，四萬噸的大水池，稱說是萬一爐心失水時要灌進爐冷卻。）實在不敢相信這出自專家的嘴，於是我用一般常識回答她：「爐心內是七十氣壓，水打不進去」。並且台灣北海岸的水不是「生水」當地居民指出當地的水是有硫磺質，若灌入爐心，和鈾、鈽會產生什麼化學變化⋯⋯？

原能會副主委無言以對就笑嘻嘻的指著對面台電總經理說：「『斷然處置』是台電說的啦，我們原能會只管避難計畫」。

這又是兩個問題：原能會是監督台電技術的單位，依法一切安全措施要原能會批准，不應推給台電。

至於避難計畫，我又以常識水準指出：「台灣的避難收容所都在八公里輻害圈內，沒有意義」。副主委答：「我們要改成二十公里了」。（有沒有改？請媒體追一下）

我催促台電總經理趕快當面問菅直人先生「斷然處置」倒底行得通行不通，因我明天要發新聞稿。他一直低頭不語，之後突然抬

起頭來理直氣壯的說：「上次馬勒颱風侵襲台灣，而核三完全無恙，證明台灣核電是安全的」。

這個請讀者回答好嗎？

我當時已經喝紅酒、啤酒，吃牛肉、龍蝦，酒飽飯足完全沒有鬥志，也不需要鬥志，我只問：「那地震呢？」

颱風是核電唯一的天災？台大陳文山教授指出距核三爐心五百公尺內有個大活斷層。總經理又不語了（核電對地震是無解。目前核三廠對地震的措施，根據已視察的賀立維博士，只有加強柴油槽樁的強度）。

宴席後，總經理來到我旁邊私下對我說明，「斷然處置」只是一個設法壓低災情的一個方法啦」，我回：「那以後不要再說萬無一失」。第二天我在記者會上發表「核安神主牌『斷然處置』是死語了」。

核電什麼可以對處，無法對處，要誠實面對才有真正的下一步措施。

另一位坐陪來賓也來我旁邊說：「您好懂核電」，唉，這也是我寫此書的目的，也要讓政府首長知道，這些都是一般常識，都是從日本電視雜聞秀學習的常識，台灣國民也有這些常識就足以監督。請電視發揮功能告訴我們吧。

從數字看電視的力量

筆者去過美國、日本、台灣的電視公司攝影棚都有一個共通點是，入口都是不起眼的小門，通路是崎曲又窄又亂，很難相信是大明星要走的路。想起我第一天在日本的電視公司上班時上司這麼說：「是因為政變或恐怖攻擊時，軍隊第一個要占領的就是電視公

司，先以視與聽，控制民心。」

當人的視覺和聽覺被掌控時，意識思考就幾乎被佔據，除非本身有自主的閱讀力（Literacy），這就是電視的力量。

不必用高深的理論來證明，只要看看廣告費就可以明白，企業肯砸錢在電視廣告上，就是因為電視的力量。

日本一年的廣告賣量佔約國家 GDP 的一成。這二、三十年來都是這個比例，不論經濟在巔峰、在谷底，都差不多這個比例。二〇一五年日本 GDP 約五百兆日元，廣告量是六兆一千七百一十億。其中電視廣告一兆九千三百二十三億，報紙廣告是五千六百七十九億。世界最大的廣告公司日本電通 46.9％是靠電視媒體的收入。

另一個需要注目的是網路廣告。它從約十年前的三千五百億，每年約 20％左右的快速成長，二〇一五年和電視不相上下達一兆一千五百九十四億日圓了。台灣的網路廣告二〇一三年四億一千八百美元，二〇一四年是一倍，二〇一五年是前一年的兩倍成長。網路的視聽效果相當於電視。這個數字是在警告電視不發揮電視的社會功能就終究被網路取代。

回想我身在日本的電視公司時正是泡沫經濟的巔峰期，我們挪揄電視營業部門只打瞌睡就可以領薪水，當時企業是有錢也買不到電視廣告時間。然而景氣衰退時企業收入對電視廣告的投資比例依然不減，這就是告訴我們，視覺、聽覺的影響力是多高。

這麼一個高影響力的公器，而它的用途是有益，有害，掌控它的人，有多少自覺自己手上的公器的危險性？

電視文化相當於一國國安

要掌控一個國家不必靠武力，動武會受國際制裁。買電波、賣內容 contents 不會。並且台灣電視台要的內容 contents 只要便宜又大碗，要洗腦台灣只要半賣半送個節目每天黃金檔播出就能潛移默化……。直到最近由民間響起「文化自衛」運動，要求 NCC 規制晚上八至十點國內自製節目的比例。政府才覺醒電視文化是相當於國家的國安的危機意識。

另一個國安也是筆者會想寫此書的動機。日本 311 大震災之前，我從來不覺得日本的電視比其他國家卓越，直到看到其他國家的報導簡直在開玩笑。而為什麼日本可以在大難混亂中作理性沉著有制度性的報導？這並不特別，因為他們平常就是作理論性報導，國民也習慣以理性、理論看新聞。平常只會作煽情報導，而真的發生大難時會用理性報導？平常不被信任的新聞節目，大難時要信誰？資訊混亂國家不攻先自滅吧。

只會作感覺性報導？

報導可以分成兩類：❶感覺性報導❷智能性報導。

胡亂報導令人爆笑的是，在 311 當晚東京的電車全當，五百一十五萬人回不了家，群眾只好堵在車站，而義大利的記者在車站的人潮裡大呼小叫報導著：「東京人都拚命要逃離東京，堵在車站沒法動。」另一位是德國記者，當時是三月，許多人罹患松樹花粉過敏，不少人戴著口罩（每年都如此），這老兄的報導是：「日本人以為戴上口罩可以抵擋輻射。」

只會作煽情報導就是記者無法用知性理解只取表面的感覺添油加醋。

311 是人類史上第一次的複合災：地震、海嘯和核災。各災區的災情都不同，這不能像颱風、車禍一樣只憑感覺大呼小叫報導的。311 不是台灣誤會的「全都是核災」。

筆者住東京不知道台灣是怎麼報的，但是接到不少台灣的朋友來電，大家氣急敗壞地問：「你核災沒事吧？」我很感動，但是東京離福島二百五十公里遠，不是核災直接受害者，可能台灣報導混亂……。

第一次我發現台灣對 311 的資訊很混亂，是筆者要出《日本 311 默示——瓦礫堆裡最寶貝的紀念》，出版社光是聽「311」就不太願意出版，因為之前已經有核災的書上市了，可見「311 就等於核災」的誤會已經很深了。不過，筆者很欣慰的是，出版後暢銷，出版社接到不少電話，以及讀者 PO 文：「原來 311 不光是核災，好多不知道的事……」

確實感到報導很混亂的是我來台灣上一個討論性的電視節目，主持人稱讚我：「陳小姐還親自去輻射災區作志工……」，那是現場直播節目，我不好意思矯正。感謝主持人的讚揚但是我沒有那麼偉大，輻射災區是管制地區進不去，志工範圍是在福島以北的沿海海嘯侵襲的地區。我也才確定大家都以為「311 等於核災」，不管離福島多遠，都以為受核害，也就是報導沒有說明最基本的地理位置。之後另一位主持人也誤以為福島和車諾比一樣是反應爐爆炸。福島是廠房爆炸不是像車諾比運轉中的反應爐爆炸。這兩點都是最初步的訊息報導混亂。

　　台灣和日本一樣是地震大國，必須有智能性報導才能確實學到前車之鑑。

　　電視勝於報紙的一點是：很方便作「感覺性」的報導。

　　筆者喜歡的一個電視節目是介紹日本各地的溫泉。自己沒時間去泡湯就看電視過乾癮。製作這種節目用「感覺」就行了。美麗的雪景，浸在溫泉池裡，出浴後一杯冰啤酒，滿桌的菜餚；這種節目只要傳達「好美」、「好吃」、「好舒服」，一個鏡頭勝過文字的表達。但是電視新聞不能光作表達感覺，也要作智能性上的工作。台灣電視沒有開拓智能性報導，不是智能不足，是心態上的問題（後述）。如何開拓就是本書的目的。

　　以日本為例，在 311 當下，百分之七十的人的資訊是靠電視，電視是緊急狀況時國民資訊的主軸。若核災發生，那時，台灣電視智能性報導作得來嗎？這相當一國存亡。

電視只報「政局」不報「政策」，這是愚民政策？

　　極貼切人人的生活的政策，就趁國民根本不了解內容之下，政黨火速通過立案，出賣了應屬於國民的權力和利益，最新、最典型的例子是二〇一七年一月通過的電業法修案。當時電視鏡頭是一窩蜂地報導一例一休爭執。

　　二〇一七年初媒體作民調，對新政府的政策那一個不滿？

　　第一不滿的是一例一休 50.6%，對電業法不滿只佔 6.5%，但是這是代表對電業法「滿意」，還是「不懂」？

　　建議再作一個民調看看多少民眾了解這個貼切人人的電費結構的法案政策？是不是只是因為不懂才沒有「不滿意」？

　　一個不尋常的現象告訴了我們答案：竟然擁核和反核團體都共同反對此案。因為兩者的共同點是長年專注能源電業，有基礎知識，知道這好聽的「新電業法＝推動綠電」是刻意誤導國民。

　　這個新電業法是製造出一個巨大又不受管控的電力利益的海埔新生地。更方便政、官、商圍綁利益。這些全部加在國民的電費上。

　　一月當時是一例一休抗爭，是電視最愛的鏡頭，有誰報電業法的內容？

　　電視沒有告訴國民：「這個新案是應該被改革的既得利益者台電自己提出的版本」這就足夠讓國民起疑了吧；也沒告訴國民：「為什麼行政院和立法院必須服從台電自己的版本？有什麼利益瓜葛嗎？」；也沒有告訴國民：「什麼是控股母公司？這將如何影響未來的電費」。

　　就在國民完全不了解新電業法下失去了：

　　❶ 前台電董事王塗發教授指出，台灣電力的問題是在結構上，即台電持續壟斷發電、配電、售電的綜合電業。民進黨在野時主張要分解，將電權、電利還權於民，而一執政後，則變成要延期六年。表面是電業自由化、但是讓台電持續主宰電力市場的成本，再生能源終究因為沒有改革結構，使成本提高，小資本綠電發展困難，只剩財團可經營。實質上台電仍獨裁整個能源市場。國家的能源政策永遠受控於台電和黨團高層的私利，不是為國家前途。

　　❷ 對國民權益最大的殺傷力是台電將轉型為「控股母公司」，將不必再受〈公用事業監督條例〉監督，這造成為所欲為貪污和方便政治獻金，這一切都加在我們的電費上。

　　❸ 台電的財力是不分藍綠立委的資源，只要買通總統親信和黨

團高層，整個國家隨心所欲。媒體最應該解說台電和政府的力學關係，多少國民知道，新政權不怕中共，只怕台電。許多綠委告訴我「政權不聽台電的話，供電技術全掌握在台電手中，想跳電操之在台電一手。只要一跳電經濟損失重大，小英執政要完了」。

　　新電業法案更壯大了台電的財力和權力。這不是藍綠的問題，是全民先要知道事實，共同面對如何改革台電問題。

　　媒體是政府政策和國民之間知的橋樑，電視不詳報政策，這個橋樑是斷的。

　　電視是生活中最容易得到資訊的手段，並且台灣新聞台不斷重覆播，它應該是一個國民了解「政策」最有效率的平台。但是新聞台最大的問題就是捨棄「智能性」，只作幼稚的「感覺性」報導。

　　台灣電視最大的問題是，對於政治議題，只報「政局」，不報「政策」。（「報」的意思不是放鞭炮帶過去了事，是如何徹底讓國民了解）。

　　「政局」是黨派、政治家之間勾心鬥角，只是風向氛圍「感覺性」選舉文化的八卦，報導不必用頭腦。

　　「政策」才是關切國民，需要了解，監督。是邁向公民社會需要的智能。

　　電視只報「政局」也帶壞了政治風氣。政治家只要玩噱頭作秀就可以上鏡頭；下鄉吃麵和民眾看夕陽、跑步，「親民」就是「在做事」？國民對公僕的要求再高一點好嗎？而「政策」報導需要記者作功課徹底理解才能報導（這才叫記者呀）。而且「政策」很不上鏡

頭，不刺激，搏不到收視率……。默默努力研究政策的政治家得不到表揚。新聞台捨棄智能，捨棄了國民的知的權力和知識的平台的功能。（甚至懷疑是和政府串通不讓國民知道政策，要愚民？）

特別是現在朝大野小，立法、司法、行政三權被一把抓，民主的體力在於「知」，第四權來自「知」。電視被塗鴉，台灣民主瘸一腳，社會少了一隻眼。

一個非常值得鼓勵，也勸大家應多看的是「八大電視台」的國會和各委員的實況轉播（這一點比日本先進）。可以實實在在看出每一個立委的素質，以及我們的稅金政府怎麼用。光是開著就是在監政了。

二、台灣電視的躁鬱症

台灣大概是全世界電視水準和國民教育水準差距最大的國家。

為什麼教育水準不輸日本的台灣觀眾看不到和日本一樣的電視水準？

這一篇可以說是集結了國民數十年來對電視亂象的鬱憤。但是每一台都一樣，像似在聯手綁架電波，國民無可奈何只好認命嗎？不，電視是公器，電波是國民的資產，電視是社會的知與知識的平台，是國民監政的第四權。但是依目前如同陷入躁鬱症的台灣電視生態，民心如何安穩、有信心？政治如何走正軌？國民不能再坐視電視被塗鴉！

不過，不要灰心，日本的電視也是從低能開始，是靠國民意識覺醒才開始進化的。台灣要成為一個公民社會，電視是一個重要的知與知識的平台，我們從整頓電視，恢復我們的第四權開始。

日本的電視在低能時期被稱為「傻瓜的箱子」。台灣的電視目前看起來則是「躁鬱症的箱子」。我們先攤開全部問題再一起想如何對症下藥。

躁鬱症狀—1　內容的躁鬱症狀

台灣的電視喪失它最大的社會責任在於不報「政策」。要特別強調，「報」的意思是讓國民理解，不是三秒鐘，像鞭炮放完了事。有多少重要政策是在國民完全不懂之下，被政黨和既得利益者瓜分了應屬於國民的權益而毫不知情。

取代國民知和知識的台灣電視新聞是，全民罵了數十年的，以

食、色、糾紛暴力為主的垃圾新聞：

❶ 從早到晚是街頭巷尾的美食和糾紛。報導方式是無頭無尾，沒有 5W1H，即 Who 誰，Where 何地，When 何時，Why 為何，How 如何，Will 然後呢？這不是大學教的新聞最基本的架構嗎？

❷ 全世界只有台灣的「頭條新聞」是醉漢打架，藝人去隆乳、正妹的行李箱被壓壞，這些是國家最重要的？新聞的順序排列是表達它的重要性，是新聞編輯中重要環節，完全捨棄了任務。

❸ 從抬頭的「獨家報導」就在說謊。電視工作者告訴我「獨家」只是形容詞，為攫取注意力而已。而新聞的價值不是在信賴嗎？

❹ 政府餵什麼就報什麼；搞不清楚是「迷信、謠傳」？是「娛樂、新聞」？新聞的最基本不是追求事實 fact finding 嗎？

❺ 一窩蜂報導，全電視台一天只關心一件事。未解決的「舊聞」沒有鮮度就不報。完全喪失新聞的正義。

❻ 沒有國際新聞，只有國際「趣事」不叫新聞，使台灣小島更無知更閉塞與世界脫軌。

以上六點不是新聞的基本尊嚴嗎？

電視新聞拔掉新聞精神只叫「動畫」。

新聞是有法則的，不是只要錄影帶上有東西，視覺上夠刺激，不思考結構亂七八糟全 PO 到電波上。那是垃圾箱，是在侮辱國民的知性。

相信在大學是這麼教的，新聞的法則是：

❶ 報導的要是事實，數據準確。

❷ 新聞的基本是，客觀、公平。

❸ 追究問題核心，不是只敘述表面。

❹ 政治、經濟內容要詳解、易懂。

❺ 從多層面、角度探討。

❻ 要具批判精神。第四權的代表的記者不能屈於權勢、不被收買，不安於被餵新聞。不偏不倚是以民為主。

❼ 資訊要廣泛。不要當世界的資訊孤島。國際新聞不可少。

❽ 刺激國民思考和判斷形成輿論第四權。

面對著不倫不類台灣新聞台的現實，沒有一項符合這基本的八點，大學傳播學教授想必很難講課⋯。

躁鬱症狀─2　視覺上的躁鬱症狀

視覺、聽覺是波長，舒不舒服是有科學法則。

電影、電視的視、聽處理是有文法的，因而才有好、壞的獎評標準。

悅耳、悅目就是波長在人的舒適範圍內的密度、速度，和形態。

令人不舒服的視、聽是因波長密和亂，造成生理上和腦神經的負擔。

日本的內容事業（contents）發達是因為有研究出勝利的文法。

依此科學法則，台灣目前電視是近乎視、聽覺上的暴力。這不僅是電視本身的問題，這個躁鬱的波長是不是也增促共頻共振造成

社會的躁鬱？

台灣年輕人不要習慣、麻痺目前電視的視、聽水準那會鈍化感性和美感，台灣的內容事業會跨不出國際，沒有前途。

視覺的傳達法則是世界共通的，這就是俄國電影理論家Eisenstein 的「視覺的文法」。所以請不要把「亂搞」硬稱是「台灣流」。

大家天天面對的視覺暴力：

❶ 鏡頭快閃：畫面碎斷，每一個畫面一、兩秒就跳過。畫面沒有中心點，沒有架構。畫面不斷的快閃在醫學上有害視力，NCC 應該依科學糾正作法，保護國民健康。

❷ 畫面雜亂：一個畫面同時有八、九個跑馬燈上、下、左、右跑不停，也在各角落轉不停閃不停，十足的躁鬱症。這是仿效 Bloomberg 電台不過它只限於金融相關資訊，有統一性，不是有什麼就 PO 什麼的垃圾箱。

❸ 畫面和話不一致：似乎是怕主播報新聞的靜態會冷場？就配個和主播新聞無關的火車相撞（而且不是在台灣）。惟恐「靜止就是冷場」，就是十足的躁鬱症。

❹ 字幕的速度是有法則的：人在幾秒內能夠閱讀幾個字，任何語言都有研究統計。包括節目中用的紙板上的字，也有法則。

以下是日本研究出內容讓視覺舒適並讓腦能夠消化的速度：

一般字幕是 1 秒中 4 字，一個畫面最多兩行（是日文）。

十五秒的廣告，每一畫面長平均 1.5 秒～ 2 秒。

音樂動畫每一畫面平均 3 秒～ 4 秒。

三十分鐘的節目每一畫面平均 20 秒。

資訊性節目的每一個畫面平均 5 ～ 10 秒。

電影的每一畫面平均 9 秒。

以上是日文，據分析中文比日文濃縮四倍，所以時間應更長，請研究。

螢幕上閃爍不停的視覺暴力如何傷害視力和腦神經？一個實例是約十年前電視台傍晚播放寶可夢的卡通時，同一個時間，全日本從南到北六百多個小孩子同時昏倒。這個奇怪現象研究後發現，昏倒的時間是當比卡丘大戰怪獸時的爆彈是大紅、大紫的顏色，每一秒閃爍一次，持續十八秒。小孩子的視神經刺激腦神經過大而昏倒。

台灣 NCC 要有科學知識管理，在先進國家不會如此放任的。

躁鬱症狀—3　聽覺上的躁鬱症狀

拜託告訴我們理由，主播和記者必須講話快像機關槍、放鞭炮，到底是在趕什麼時間？因為聽完後，內容稀薄，只要有整理頭緒、起承轉結可以省去大半以上無用的話。

並且，主播和記者平常怎麼說話，對著麥克風就怎麼說，沒有觀眾會對咄咄逼人的語氣感到悅耳。

聲音是波長，是物理科學。物理學家也是音響學家 John Power 研究聲音如何影響腦：音域、音色、音調、韻律都是波長的形態。波長又密又亂就是聒噪。它直接刺激下視丘的 A10 腦神經細胞，因此音樂可以療癒，也可以惡化。

希望以科學理論理解，以英文快速的說法說中文是錯誤的。英語和中文的發音構造完全不同。（詳述在第八章主播的條件）

中文的獨特之處是它有五聲，並且母音和子音一樣重（英語子

音是輕音），再加上中文的每一個字發音複雜，齒音多，所以講話快速就像機關槍的顆顆子彈。以波長的理論就是又密又亂，起伏多，因此像潑婦罵街。英語是唇、舌、呼、吹聲多，又平板，所以英語再快也不會感到聒噪。中文則是要每一字字正腔圓才能發揮中文的美感。

不過，主播、記者說話太快和新聞內容稀薄有關。因為人的心理是，對淺薄的內容沒有信心怕被深讀，自然會想以話多速度快掩飾。有機會聽聽英國、美國的主播、記者他們不說多餘的贅字，他們講的話寫下來就是文章。有深厚的內容，人自然會慢說，希望觀眾品味。

電視的播映權是國家賦予的。出現在電視上的人有責任要在知性和語言的呈現上成為社會的典範，而目前電視上呈現的躁鬱症狀在鈍化觀眾的視、聽的感性，公器不應成公害。

不過讀者看了下一節台灣的新聞是在被「秤斤賣」的廣告機制，就可以了解，這些「拚命刺激人的視、聽末稍神經的作法」都是要防止你離開電視，擷取你的注意力所設計的。也就是利用高亢嘰嘰呱呱的聲音和閃爍不停的畫面，才會讓你盯住電視，也就是像在鬥牛，只要抓住動物的本能。

三、促使電視躁鬱症的廣告機制
→ NCC 任國民的第四權「秤斤賣」

雖然世界有此傾向，依收視率付廣告費稱「per Cost」，但是這個「一分錢一分貨」的商理是用在商貨上，用在娛樂性節目。而台灣的新聞台也是這個一分錢一分貨的廣告機制，因此每分每秒必須衝收視率，它的結果就是我們現在看到的，全是食、色、糾紛的垃圾新聞。

新聞節目不同於娛樂節目，新聞有社會任務→國民的知與知識的來源，和國民的第四權，而在這廣告機制下完全變成被「秤斤賣」的純買賣。

電視廣告在過去一般分「提供」和「單元」spot。日本是一單元十五秒，事先買下。自從媒體購買公司現象興起後逐漸朝向依收視率付費制。問題是，電視公司若是綜合台，有娛樂綜藝、有劇、歌唱、有新聞節目，也就是有可以被「秤斤賣」的和不應被「秤斤賣」的節目之分。比方前章述日本全是綜合台，但是 TBS 的新聞部是絕不提收視率，因為新聞的任務是報該報的，不是為取悅歡愉。這是國民的第四權新聞的尊嚴。綜合電視台可以綜合平衡整體收入，而台灣的新聞台的唯一商品是新聞，但要分秒衝收視率，再加上原本就沒有新聞精神的商人只以商利經營新聞台。結果就是大家天天看的：頭條新聞是大胸正妹和男友互毆，貓狗打架弄翻了麵線鍋，大陸杭州火車相撞，主播和記者說話要激昂高亢；只要大鹹大辣，絕不能有冷場，因為分秒的收視率到小數點幾位都是台幣幾塊錢的廣告機制。

這也是對電視不報不上鏡的「政策」，只報有瞬間收視率的政治家玩噱頭作秀搞怪。電視風氣也劣化了政治品質。

台灣的新聞除了內容低能外，另一個畸形的是新聞的次序（line up）完全胡搞。

新聞的次序本身是個訊息代表對社會的重要度，在正常的新聞節目裡，光是決定次序就須內部嚴謹的討論。

台灣以貓狗打架，阿公阿媽互毆為頭條新聞是侮辱國民的知性。

這個「秤斤賣」的廣告機制解釋了這個謎：

這就像玩撲克牌「比大」。電視工作人員透露，他們的新聞哪裡有什麼次序，在播新聞時眼前同時有六、七個電視看別台的新聞，只要同一時間出的新聞贏過別台就好，比方 A 台在播老阿媽在罵人，我台就趕緊出一張大胸正妹在吃甜點的新聞，那張牌贏？

在日本，由企業提供的電視節目佔約百分之四十。「提供」是不只付廣告時間費，也負擔節目製作費，當然螢幕上顯示提供企業名。（台灣 NCC 是四年前才准許冠名）。廣告公司的媒體購買部門從節目製作會議就參加，但是廣告公司知道自己的立場角色是去找適合此節目的企業提供，不會插嘴於製作。廣告公司的報酬是抽取媒體費的百分之十五。（很高哩）

節目成功，企業提供優質的電視文化給國民是企業取之於民用之於民的社會貢獻，稱 mecenat，社會形象加分。如此，觀眾、電台、企業、廣告公司、整體經濟、國民文化水準提高，六贏。

令人錯愕的是 NCC 對新聞節目被秤斤賣的廣告機制無異議，表

示「就由市場機制決定」。

NCC 長年嚴禁「商業置入節目」是見樹不見林，新聞節目本身就淪為商品，國民的第四權被當成買賣。這是軍紀頭腦在管文化感性的結果。

對文化不能要求的是立竿見影的速成結果。

電視是文化事業，文化是一國的「土質」，是地表下的工作。地表上的果實是十年、百年後才看得到的。電視文化是國民的精神營養，知與知識的平台，它就如水、電、瓦斯是有公益性質的事業，是一國的精神基礎建設（infrastracture），不能像一般商品百分之百追求盈利任市場機制摧殘。

一切都靠人氣多寡的市場機制的話，讓小孩子投票看愛去學校還是愛去迪士尼樂園？相信沒有小孩會投「學校」，是不是要淘汰掉學校？

新聞節目的內容太嚴肅，不夠 Hi，結果被淘汰，就算了。這就是 NCC 贊同的廣告機制？

另一個刺激台灣電視生態躁鬱症的是廣告費後付的機制。播完之後憑收視率，算到小數點以下付費（日本是預測平均收視率先付，若沒達此數字並不需還錢或填補）。這使電視公司立場處於劣勢，每天要挫咧等廣告商的臉色。

NCC 本身沒有跳脫過去「新聞局」的威權 DNA，仍處在「管教國民」像訓導教官的制高點。但是，問題是，公權力只用在好管的，立場弱的對象，像取締「在媒體上講髒話」，有「宣傳嫌疑」的

風紀上。就像軍紀，只「管」但不作有建設性棘手事。

　　NCC 的功課是要整肅電視事業的大環境→廣告機制，讓電視可以安心製作不止是觀眾愛看的，也做觀眾應該看的。

　　將一國的文化、教育，和第四權丟給市場機制去自求存滅的 NCC 的素質和本身的存在意義，國民需要監督跟整肅 NCC 的結構，這是今後國民第四權要針對的議題。

四、電視新聞低能原因之一
→不習慣「以民為主」，威權心態猶存

若今天你是要對客戶作一個新產品的發表說明（presentation），內容是複雜又有不少新詞眼，面對客戶，你的作法會不會是：

❶ 說話速度像機關槍、連珠炮般的急、快、衝，不讓客戶有思考的餘地？

❷ 即使碰到難懂或是關鍵語、新詞語重要數字也不管客戶聽懂了沒，繼續放你的連珠炮？

❸ 不整理重點，又臭又長。也不按部就班、深入淺出的做邏輯性說明？

❹ 故意用幼稚的「啦、哦、哪」裝可愛？

❺ 不考慮客戶如何能夠容易吸收理解，或是怕他生厭，挖空心思讓 presentation 活潑、有趣、易懂？

依以上五點的作法，客戶坐不住一分鐘，產品賣不出去吧？而台灣的電視對觀眾就是這麼作因為沒把觀眾視為客戶。這一點是和日本電視最大的不同。

讀者在後章看到一一舉例的日本電視手法會發現那只是一般企業會議或是大學生的報告（power point）的流程而已，日本人不是天才，而為什麼知性水平和日本相等的台灣，什麼都進步，就是電視不進步？

台灣電視低能的障礙不在智能，是在源於電視的歷史遺留下心態上的障礙。

日本是幸運沒有這一段強權政治掌控電視的歷史，台灣過去的威權時代遺留的電視台的優越封建心態是癥結所在。

看看我周圍台灣電視界的好友們都是謙遜又實在，說他們是「封建心態」太冤枉了。這不是個人，是傳統的風氣心態，不知不覺秉承下來。因為每一台都一樣作風，也不覺得不對勁。

在過去威權時代，電視的最大任務是「政治工具」：

❶ 電視和統治者站同一邊，是下達政令的傳聲筒，洗腦的工具，所以電視台對國民是上對下的關係。也是上對下的單方向，國民無權反抗，有耳沒嘴，不必理解國家政策，不必思考政策對錯。

❷ 為了要顯示政府的權威、威嚴，電視報新聞的語氣、聲調（看看今天北韓和中國，台灣以前就是那樣），氣勢要高壓凌下、鏗鏘有力，才能鎮服國民。

台灣民主化後電視台心態上仍在制高點：沒有站在國民的立場和國民的等高視線，沒有下工夫研究國民真正的需要的資訊。也就是沒有培養把國民當成客戶的「服務」心態。沒有脫離「電視作什麼，國民你就看什麼」的優越心態。

台灣國民似乎已被長期的「電視」的威權麻痺了，對電視的許多不滿、不舒服都覺得「沒辦法，電視就是這樣吧……」不，電波是國民的公器財產，當然要「以民為主」！

目前不「以民為主」的有：

播法上不以民為主：

觀眾的視覺、聽覺上舒不舒服？這是過去「和統治者站同邊」的電視絕不在乎的。

本節開頭敘述的那五點對客戶的態度是目前台灣電視新聞的作法，實在很想問，「報新聞的目的是什麼？」在視覺、聽覺上一切是急、快、衝，只要勁爆，速度第一，報完了事！

相信主播、工作人員沒有人故意要讓觀眾不舒服，而是前述長年來統治者的遺風：政令威嚴是上對下。速度要急、快、衝，語氣要鏗鏘有力，態度斬釘截鐵、觀眾不必思考不容懷疑。管你什麼觀眾舒不舒服？國民只要臣服。

要「以民為主」很簡單，只要將心比心。平常若有人對你說話像機關槍不容你思考，你不舒服的話就不要這麼對別人。我們平常不能忍受的事，為什麼電視就要忍受？這種優越的心態哪兒來？

說明上不以民為主：

觀眾看懂不懂？這也是過去「和統治者站同邊」的電視絕不在乎的。

不要說希望國民懂，統治者還巴不得國民永遠是愚民呢。媒體是頒佈旨令用的，不是教育國民用的。不僅如此，為了凸顯政權的階級特權地位，刻意將政策包裝得難又複雜，才可以顯示權威。國民愈霧煞煞在知性上面政府才佔優勢。

真正有心「以民為主」的新聞報法，你就會自然而然像是對客戶作 presentation 一樣：如何整理重點，用什麼邏輯、手法，才會讓

客戶確確實實吸收消化。一個關鍵語、一個重要數字，不會隨口帶過去，會精心思考吧？

台灣的第四權只靠名嘴支撐？

照理，第四權輿論的形成分工是：

電視新聞負責報導讓國民知道事實；複雜的政策、議題，說明到大家都懂，即發揮電視的「知與知識」的角色。國民先有材料，再聽評論家的不同見解刺激多元思考形成輿論。而台灣新聞台沒有發揮初步階段的功能，比方，有那一台詳細解釋過極貼切國民生活，及國家能源的未來的「電業法」？媒體不去了解，國民當然不懂。這樣晚上的論客要從知識的啟蒙開始說明就非常辛苦；有多少弊案的揭發、追緝是靠名嘴個人的力量？比方樂陞案、兆豐案、浩鼎案等等，政黨輪替不但沒使案情明朗化，反而怕會「抓到自己人」想極力掩避，不是都靠名嘴資深新聞人才與國民的注意，迫使執政黨偵辦？

台灣的第四權是架構在微微的個人的「點」上，因為沒有電視台的「線」的力量普及知與知識，何以形成結合全民監政的「面」的力量？

特別是當執政黨朝大野大，行政、立法、司法一把抓，薄弱的第四權如狗吠火車無法制衡，這就是為何台灣是民主國，但實際上是易淪為「政黨專治」體制，國民仍不斷的需要辛苦上街抗爭發聲的原因，因為第四權是啞巴。

並且，沒有「線」與「面」作後盾，要對付和政府抗衡的第四權的個人「點」，依政府機器的財力、人力很簡單。姚立明先生向我

透露，政府幾次派調查局去調查他，給予過施壓；周玉蔻女士每揭發一個政府弊案就被政客告一次；也有名嘴告訴我，當有難通過的法案，政界龍頭就要邀他吃飯了。但是我很感動台灣第四權沒有死的是，他回答：「飯是不必吃啦，不過只要答應我，不管我在電視上說什麼，我們都還是朋友就好了」。

資深新聞人的微薄的車馬費擔當著一國的第四權……。

不過台灣第四權出現一線「線」的希望是彭文正先生的《正晶批》節目。「兆豐案」帶給國民重大的損失，而新政府極力掩避不查。這個節目不同的是，不是光作當天一窩蜂的議題。一窩蜂形成黑洞，掩蓋掉了應該調查的舊聞。Journalism 的自尊在於不媚眾，報應該報的。彭先生指出：「本節目將追兆豐案和金管會追到底」，一位媒體人透露政府對此擺爛表示：「那就和你拖時間，拖到你的節目沒有收視率你就作不下去了」，知道電視的要害。而彭先生說：「老闆說了，別管收視率！繼續作下去」。台灣第四權的精神！

今後全民第四權需要監督的是我們自己電費的源頭問題。

❶ 政權「不怕中共只怕台電」，因為台電每年有數十億的「敦親睦鄰」預算 (我們的電費)，是政、官、民代長年來的提款機，四者是同一個利益共同體。

　　無人替國民把關，萬惡的根源在此。國民有權清查帳目。

❷ 今後管制電價和電力市場規則的「電業管制機構」，若設在向來是台電的橡皮圖章的經濟部下，則又是一個監守自盜的結構。日本是一個獨立機構，並且嚴禁成員是電力公司的關係人，這樣才能嚴守中立，替國民把關電價。

❸ 依德國失敗例子，台電今後分解成發、送、售三個公司，但
是依新法是相互交叉持股的控股母公司這和過去壟斷市場、
電價的結構完全沒變，是欺騙國民。它必須是實質所有權切
割才是眞正的自由化，才能活化全國經濟。

五、低能原因之二　新聞台經營者沒有「士」的使命感，賤賣國民的第四權

電視新聞拔掉了新聞精神，就只叫「動畫」。

電視台不同於其他商業行號，因為電波是國民的財產，播送權是國家賦予的，意思是電視是有背負國民的託付和社會任務的，不是經營者高興怎樣經營就怎樣。

電視新聞台的社會義務是發揮國民「知」的權利、提供國民知識的泉源，興作第四權的力量，維持政治、社會上正軌。而今天只有八卦垃圾新聞，這是如同頂新給國民吃精神的地溝油。弱化了國家的知性的體力，一切就隨之弱化。

背叛國民和社會的託付，雖然比如魏家被判無罪，但是實在是造孽。

士、農、工、商的社會角色不同。「士」是擔當一國的精神，無形的部份。新聞台經營者不能像經營皮鞋工廠，只要成本、工資壓低就好，必須覺悟被社會託付的「士」的使命感，雖然「士」也要吃飯賺錢，但是士有士的賺錢之道和自尊，不會去搶風花雪月的飯碗吃。

世界上的媒體機關一定有各社的哲學為報導道德量尺，有「社風、社訓」為骨氣。

因為媒體賣的是記者的知識和良心，這都是在人的一個念頭，所以必須有自我要求的水準和道德。

而台灣新聞台賣的是「每分要勁爆衝收視率折換錢」。經營者沒

有社會使命感，天天打著沒有靈魂的算盤，這個結果就清楚的呈現在畫面上：

❶ 便宜勞動就好，不培養人材

台灣新聞台的大問題是不尊重記者之職，把記者工作只當作勞動，「跑」愈多新聞愈划算。至今新聞還只是跑，不是思考。

經營者若有認知新聞是國民的第四權的責任的話，會提供給記者能專注深入議題的時間和環境條件→記者不是賣肉體勞動，是賣頭腦。

我接觸台灣的電視工作者流動性很高，而且很少遇到中年以上資深記者，之後得知，因為新人的薪資便宜，而且反正新聞不必深入，只要勤跑街頭巷尾的美食和糾紛，不需資深記者。在日本記者都是終生職 life work。積蓄人材，是使第四權不斷壯大的因素，台灣的電視新聞永遠無法深入的原因也是出在經營者如同經營第三世界的皮鞋工廠，盡量用便宜勞動，只要壓低成本就好，不必資深專業。

不過，確實，現在是誰都可以當記者的時代了。除了「公民記者」各團體崛起，也可進立法院採訪，現在人人手機在手是二千三百萬記者的時代了。電視新聞台有財力、有設備和人材，作有深度的報導才能凸顯自己存在的意義。自廢武功就淘汰自己。

今天，韓國、日本的軟體 contents 事業已占 GDP 的約百分之十五。軟體的資源是靠人，人的智慧和感性。電視業的資源是人，而這卻是經營者最不想用錢、不肯投資的。這就是電視劣質、諸惡的本源。主要是因為經營者沒有在此業落地生根，是打帶跑，見好就賣，游擊式經營，不作長遠的文化計畫，沒有百年樹人的社會使

命感。

❷ 新聞成本便宜就好

我曾建議台灣製作人該多作政府政策方面說明讓國民了解，他表示沒辦法，因為這樣要社內人力作分析（research）或是請專家「那都要花錢哪！」。我很錯愕，這些花費不都是新聞的基本成本？

經營者只要求錄影帶上有東西夠刺激就播，這叫「動畫」，不叫「新聞」。

有構思加工才成「新聞」，如前述八點新聞的基本。這個加工成本不都只是基本成本？不讓記者花錢、花時間在這上面，怎麼有資格經營「新聞台」？

近來，甚至連攝影費都可以省了→監視器或是網友拍下的，夠驚悚就播。

省錢省到最後，電視就像 Youtube 一樣，那何需電視？

❸ 要省製作費？不製作最便宜！

製作費一般是電視事業內最大的開支。台灣新聞台採取最便宜的製作方法就是→不製作。晚上節目時間全推給名嘴論客去處理，最後加上一句「和本台立場無關」。也就是電視台只是「出場地」而已，撇清「第四權」的責任。成本是每位的車馬費數千元。難怪 NCC 說現在最賺錢的是新聞台，未免太暴利了吧！這又吸引更多只為賺錢的商人要經營新聞台。

另一個大問題是台灣沒有國際新聞。台灣新聞台是有賺錢，但是沒經費。

大多沒駐外特派員，都是向國際通訊社購買新聞影像。一位台

灣的資深記者表示，很明顯的購買影像資料的品質下降。他記得在九〇年代有線電視崛起時大多和國際通訊社的簽約屬於「高檔」：除了每天的新聞之外，為了使新聞更豐富有深度，也包括使用資料庫archive。而現在新聞台因為只作街頭巷尾的美食和糾紛也能賺錢，就不再簽高檔約，用最低檔的只有「當天的新聞」。因為反正二、三天後從YouTube上就可以截取到免費的。

　　不過，換言之，電視台「只要用網路上免費的」，電視就被網路取代不就好了？

　　日本富士電視公司，筆者的老巢，近年業績不好公司大力節省，但是唯獨不省的是新聞製作費。不減海外支局、不減特派員，因為電視的社會第一責任是新聞，娛樂是其次。這就是「商」和「士」魂之別。

　　只為商利的電視台經營者就只是個「賣廣告的販子」。重覆一次，這不是「我經營的自由」的問題，電波是國民的財產，品質低劣就是背叛國民、社會的託付。

　　電視不要再蹺著二郎腿以為反正垃圾新聞都有人看。是的，我也看，因目前別無選擇。但是，二〇一七年將開始數位化，頻道增至五百台。網路可和電視的一體化，也就是不必是財團也能擁有頻道。並且前述日本這十年網路廣告每年是百分之二十上下的成長，廣告量現在和電視並駕齊驅。台灣近年也是倍數的成長，逼近電視市場。明明擁有財力、人力，可以當鯨魚的電視公司卻只作小蝦米的事。種瓜得瓜，電視如此拚命壓低人力、製作費，最後只會把自己壓出局。自廢武功，最後就是自毀。

　　電視數據化後勝負只在軟體內容。

第三章

收視率的穴道——攻人的第四本能「求知慾」。

三個方法刺激腦汁分泌快感

電視不被網路取代，要別於網路的存活之路

「懂了！」腦內的燈泡一亮即英文「Aha!」腦科學家茂木健一郎說，這時腦內即分泌出多巴胺（Dopamine）的快感。

讓觀眾「懂透透」是電視社會公器的責任。

讓觀眾「懂到爽」也是攫取高收視率的的方法。

這一塊是台灣電視從未開發的發想。

攫取人的注意力最容易的方法就是對「本能」下手。台灣的新聞台知道這一點，所以十幾年來只專攻「食、色」，以及人對暴力的自衛本能，這三大本能佔滿了新聞：美食、大胸正妹，和驚悚暴力。也就是只以最原始的方法→刺激人的荷爾蒙腎上激素（adrenaline）在維持收視率。

以為人的本能快感都只集中在下半身的話，太看不起人類吧。

台灣電視最大的問題是在於忘了人是會思考，人要思考，思考是人的本能，思考很快樂，懂了很爽。因不同於動物，智慧也是人類競爭活存的一個自衛武器，「求知慾」也是人的本能之一。人的快感並不是只集中在下半身。

一個知識豁然而解時，腦會瞬間分泌快感，這是日本電視製作花下最大的工夫專攻這個穴道。並且不花錢，只花腦筋。這是日本國民的常識知識普遍的原因。台灣國民的知性水準絕不亞於日本，只是因為前章述的原因沒有把「讓國民懂透透」作為第一前題。

現在是表達（presentation）的時代。在過去大多人只花工夫在內容上，而「如何表達」（presentation）也是一門學問。

發現 iPS 細胞的諾貝爾獎山中教授說：「要讓社會了解我在作什麼，才能得到研究經費，所以 presentation 在我的整個研究工程裡是最重要的。我去美國留學，最大的收獲就是學到如何作presentation。」

麻州理工學院內就有一門 presentation 研究所，所長伊藤穰一教授就是專研「如何說明表達，讓人興致勃勃的聽下去」，這不也就是「收視率」嗎？

只要懂，人就會想看。能懂的話，任何議題都有趣。有趣的議題是看你如何分析說明使它有趣。並且任何議題朝深處開發，深就是新，深就有趣。

電視別於網路是在於有財力、人力、硬體規模，不要自廢武功只作網路工夫，電視提高水準也才是活存之路。

接下來的三、四、五章是日本電視最普遍的說明手法和發掘高收視率題材的方法。讀者會發現根本是唾手可得的。

一、原始的小道具最易懂：
　　視覺化、幼稚化、戲劇化說明

電視的一個弱點是較難作理論性的說明，因為無法像文字般可以反覆看，細嚼慢嚥。這四個方法可以克服。是日本電視上最常用的說明方法：❶ 用小紙板，一張或複數。❷ 用一個大板，或是圓圈形。❸ 用實體實物現場說明。❹ 用演劇的說明。是的，聽起來很幼稚，但是讀者會發現，嚴肅的話題就無趣？八卦低俗就有趣？這個

迷思只是電視自己不長進，太小看國民了。下面的新聞例子全是日本的常例。台灣也有類似的，但是呈現不同，趣味和深度就完全不同。

①小紙板→關鍵字一目瞭然

朝日電視台的一位製作人得意揚揚地告訴我，這手法其實是起源於朝日電視台的雜聞秀，為了讓一般主婦也能確切跟上節目的進行。當時不是為了談艱深的政治、經濟，只是要把一些社會犯罪事件說明清楚而已。現在這手法已成為最普遍的手法。它可以光是一張，或同時兩張，也可複數，用途超廣。

科技大國的日本怎麼要用這麼「原始」的紙板呢？

人到底是較喜歡類比（analog）實物。我和製作人聊過，一些重要的文字與其用電子螢幕顯示，用這紙板給人較有親和感，不會像在上課硬梆梆。

並且它的最大好處是製作簡單。主播將關鍵語的小板立在桌上，一邊讓觀眾思考，一邊細心解說。

台灣電視台會說「我們也用啊！」，哪裡不同？

用小紙板的關鍵是→要找出關鍵字。只寫關鍵字，寫得密密麻麻的就沒有意義了。因為當畫面上只出現一個詞語，或一個數字時，觀眾會覺得莫名其妙，這就是開始刺激思考了。胡忠信先生經常會秀出一本書的書名之後沉默個三秒，這三秒就是讓觀眾思考的互動。

文字之外加上說明→這就發揮了電視同時具視和聽的長處。既有報紙的長處：文字刺激左腦的理論思考，又有電視的語聲說明。

台灣的作法的問題是：畫面時間太短，主播開機關槍快速掃過，不知重點所在。讓觀眾思考並不是冷場，留下空間讓觀眾思考。話愈少字愈少，觀眾的腦內就愈熱鬧。

a. 一張就可以表達這麼多

❶ 重要人物說的話字字要負責任，說的話要視覺化，並且加上他的照片，說的話（關鍵部分）視覺化，讓國民慢慢回味檢驗他。

先舉個輕鬆例子：

諾貝爾文學獎發表的當晚，村上春樹《IQ84》的男女粉絲們聚集在酒店準備慶祝，結果是莫言獲獎，大家好失望但都笑嘻嘻的（因為醉翁之意是在喝酒）。一位書迷是大學教授，他對這落選的見解很樂觀正面：

落選諾貝爾文學獎的原因：
太有趣
娛樂性太凸出

因為「村上的 IQ84 的內容太有趣，娛樂性質太凸出，而諾貝爾文學獎是較傾向有啓發性之作品。不過經過這次落選，更會激發村上創鉅作。」

這段話安慰了全國的粉絲。

更需要用在嚴肅、嚴重的問題上：

台灣曾將核電機器安裝錯誤，台電的回應是：「我們的智能低嘛！」一個核災可以全毀台灣，吃國民血稅和電費應該替國民把關，說得出這麼不負責任的話。每句話都有它的主人，什麼樣的臉，說得出這種話？「話」和「臉」要一併秀出公諸於世，受社會第四權審判。

❷ 政策關鍵語詳解

二○一七年一月就趁媒體一窩蜂在報導「一例一休」的掩護下，「電業法修案」快速通過了。多少媒體有告訴國民電力設備都是屬於

國民的財產？連是自己的財產都不知道何談監督？身爲綠營支持者也必須承認，只要執政就和既得利益者融爲一體的構造沒有變。國民的權益被對分出賣，喪失了知與知識，國民完全是局外人。

再難的政策詞語，日本的電視必會分析到你躲不掉。

特例公債法案

「特例公債法案」這個字若不是出現在各台節目十幾次，我還眞懶得去理解。看起來又難又枯燥，但是懂了後才知道這怎麼可以不知道。並且懂了前因後果，枝節也都融會貫通，今後新聞的發展就更有趣。

日本國家負債二〇一七年達一千一百兆，但是從這個新聞才知道，原來發行赤字國債是違反法律的哦！因此需要國會通過才能特例准許一年。（好好笑，每年都是「特例」准許發行）

而二〇一二年的問題就複雜了，但是在雜聞秀內整理的很清楚，聽完後超有成就感。

　　這新聞是在十月，若不盡快通過法案追加三十八兆圓，十一月底國家的錢包就要空了。其實預算在十月就枯竭了，但因公家機關拚命節省（應該的）而撐到十一月底。美國柯林頓總統期間也發生過此事，四個星期公家機關被迫關門無法營業。法案不通過會影響：

```
┌─────────────────────────────┐
│      ╭───────────╮          │
│      │  會影響到  │          │
│      ╰───────────╯          │
│  1. 公立醫院的營運            │
│  2. 公務員的薪水              │
│  3. 年金發給                  │
│  4. 農家生計(國家發補助金)    │
│  5. 自衛隊、警局等的活動       │
└─────────────────────────────┘
```

　　這些都是貼切人人的生活！嚴重哪！不但如此，從國外資投家來看，日本國債的信用會影響金融市場。

　　為什麼今年不像往年法案通不過？當時的在野黨自民黨要求當時執政黨民主黨（現在是民進黨）以解散國會重新大選為交換條件。國民看得很清楚，是將關切國民生活的法案拿來作搞政局的手段。一個新知識是：日本雖有眾、參兩院，但是眾議院有優越權，只要眾議院通過實際上就是通過。而此案不同，因為這基本上是違法，所以要和一般法律相關案件一樣要眾、參兩院都通過才有效。而參議院民主黨不過半數……。

　　說是自民黨是乘人之危……也不全然。要回到兩個月前野田首

相爲了要通過「消費稅 10％」案，他答應「近期內會解散國會」，他對著電視鏡頭承諾了，但是過了那一關後就改變口氣爲「今年內會解散吧」，之後又改爲「總有一天會解散」。政府首長的話可以輕如鴻毛？首相說的每一個字要在螢幕上文字化，可以比較前後變遷鮮明，這是決定選票的一個材料。

　　野田知道依當時民調支持率，民主黨 13％，自民黨 26％，大選是開鬼門，當然不肯。到了十一月初，此案仍未通過。有三十五個縣府的地力財務到底了，便向銀行貨款利息已達五千萬圓，這都是稅金支付。

　　懂了前因後果：不解散國會就不通過，但絕不肯解散……。

　　複雜的內容，這樣作不就懂了。

關鍵數字說明

969 是什麼？969 萬人，是全日本農協會（JA）人數。JA 召開三年一次的全國大會。極保守派的 JA 向來是自民黨的最主要大票倉，而今天卻是反自民黨政策，發表「脫離核電」的宣言，並全場一致通過。

此會是 311 之後首次召開。福島核災下全國農民眼睜睜看著向來以優秀的農產品為傲的福島，一夜間農業全毀，樹椏上纍纍豐碩的果實全是輻射污染。即使有國家檢驗無輻射，仍賣不出去，或是要比其他縣產低三成才能賣，這叫風評之害。（至二〇一七年今天日本的風評之害還是沒能解決，何能外銷給台灣？）

其他職業的災民可以搬離福島重新起業，但是農業靠的是土地，搬不走。並且輻射污染土地即使三十年後可以保證品質嗎？核災對農業的打擊是無止境的。這促使農會反核。

JA 宣佈脫離核電的另一個用意是對前一週自民黨新總裁安倍和經團連會長米倉會談時說：「二〇三〇年零核電是不切實際」，對這個談話的牽制。而 969 萬人的選票是自民選舉勝負的關鍵。

　　擁有最多核電，並且下面是活斷層的福井縣就在新潟縣旁邊，這裡是日本最高級米「魚沼」的產地。若日本的招牌米也受輻射害……，日本農業確切感到危機意識。

地圖，地理關係

　　另外有一種像是在日本 311 時，台灣觀眾一看就知道各種災害因地理位置有所不同，不是光只有福島核災。

顯示時間表

即使是社會新聞也整理條理分明。

在大阪市一名年輕女子離奇失蹤，已經兩星期仍無音訊。她的好友說，她們約好第二天要開派對所以絕不可能會自殺，一定是捲入了案件，她的車子也沒有縱影。據失蹤當天深夜監視器拍到她工作的酒店附近的停車場發生男女糾紛。行動電話短訊的記錄，最後她回信時間是晚間 12：30（內容如右），之後就不回 LINE 了，這和目擊消息相符。

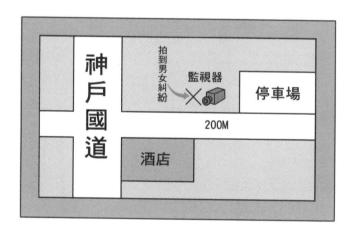

```
　　　（和死者LINE的對話）
9:30  問 ：週末派對上吃什麼？
9:31  回 ：火鍋好嗎？天氣冷了。
11:05 問 ：你有邀請美玲嗎？
11:07 回 ：我有留言，她還沒回。
12:20 問 ：你那兒酒夠不夠？
```

人物介紹

眞的有心「以民爲主」的報導新聞的話，會考慮如何要讓觀眾消化並儲存在腦。

這個手法在台灣也經常看到，但是又是老問題，畫面三秒就晃過，主播旁白是開機關槍急、快、衝。我經常納悶是在趕什麼？之後看出來，那是向來的風氣，以爲字多話長，說話快到自己喘不過氣，觀眾就會有「哇！好有內容」的錯覺……。

人平均在幾秒內可以看幾個字是有客觀的統計，如果總是一下子晃過，到底是要不要人家看？

這個文字加照片的靜止畫面要有一個前題：靜止時間充裕，重點只要關鍵字，主播旁白的速度就如平常說話。簡單說，就是去掉

前章述的「威權心態」。

　　觀眾只要懂，就會想再看下去。

　　在東京召開 IMF 國際貿易基金世界大會，有一百三十三個國家參加。這是自一九六四年來第二次在日本召開。IMF 的現任理事長 Christine 是第一次女性理事長，她是位超級女強人。左邊照片，右邊履歷一目瞭然，並且一次攤開的好處是，可以切實看到她步步躍進的軌跡。從泳操國手到財政部長。

　　以上的花絮資訊也只有出現在雜聞秀裡輕鬆一下，接下來是真正重點。

　　世界 GDP 第二大國的中國財政部長和經濟部長竟然不參加，由人民銀行副總裁代理，所有參加國錯愕。中國現在是「世界的工

廠」，此次 IMF 的主題是世界經濟面臨危機，大家都想聽聽中國的意見，並且中國的地位對世界有責任的。中國雖稱不是因釣魚台的緣故，但是大家心裡有數。不過這顯示出中國政治是，鞏固國內的政權勝於任何一切，所以共產黨必須對日本強硬，不惜犧牲國際聲譽。IMF 理事長也呼籲「中國要加入國際行列」。

b. 多張就在一個大板上——容易說明因果關係

台灣的政論節目也使用這個方法，但是又要重覆同樣的問題：字多如麻，贅字太多沒抓到重點。再加上主播連自己氣都喘不過來機關槍掃射的唸，沒有達到讓觀眾確切消化的意義。

這手法並不新，是企業、學術發表會 presentation 使用 power point 一樣（只是全部一起秀出來）。

不用先進的工具，反而用最原始的手工紙板的好處是論客來賓可以自己製作帶上節目解說。另一個好處是在紙板上可以貼上遮蓋部分。遮蓋的用意是：請大家一起思考猜猜看，以提高好奇心加強印象。

例：河豚可以吃到飽的時代來了！

〈以問答和觀眾互動〉

你猜日本人最希望被人請吃什麼？

全部用貼紙遮住，讓觀眾有思考的時間。

一個一個從下往上翻，第三名是涮涮鍋！第二名是壽司！第一名是河豚！

　　河豚將起旋風，原因是從二○一○年起，東京都放寬了河豚規則條令。在過去沒有調理河豚執照的人不可以販賣和料理河豚。現在可以了但只限於「躬河豚」。

　　這裡的關鍵詞是「躬河豚」。

　　（日文是身欠き：除去了河豚的有毒部位的卵巢和內臟及皮的河豚肉）。

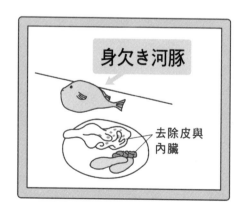

除了條令改了之外，河豚本身也變便宜了。

河豚一般是冬天吃的最高檔火鍋，一人份三萬至五萬圓。而現在大多不是天然是養殖從中國進口，價格便宜，再加上這規制寬化後，捲起了河豚旋風。

在東京原本只有 200 家河豚店，法規放寬後增加了數倍。

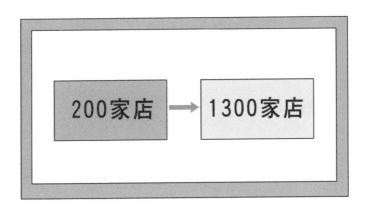

在吃法上又是大革命，過去河豚是三吃生、煮、炸（詳細請參閱拙作《餐桌禮儀・日式、中式篇》。現在各店是挖空心思想新食譜。這週日將在下北澤舉行「河豚大會」，可以在各種店裡嚐試各種河豚料理。錄影帶秀各種河豚料理和店名，價格都清楚顯示。一個一百日圓，超平價。

阿哲店→河豚壽司
照美店→河豚漢堡
幸田店→河豚燒烤
萌佳店→河豚義大利麵

　　最後是資深的河豚料理專家現身說感想：「對河豚規則放寬心境很複雜，一是，河豚平價化，品質會優劣參雜，消費者要識貨。二是，萬一河豚的劇毒沒有清理乾淨發生了事故，大家會對河豚畏懼而拒食的擔憂。不過河豚變大眾化讓更多人知道它的美味是件好事。」

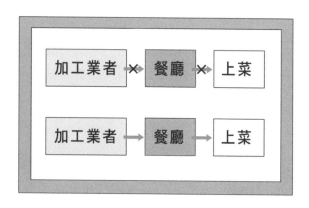

　　筆者要提一點，請人家說意見時，節目一定會在電視上秀出這位專家經營的河豚餐廳和地址以示謝意。(台灣忌諱的「秀出店名私有名詞，是涉嫌「商業置入節目」是一個必須去除的歪法。詳細第六章述」)。

c. 小紙板用法→地理關係表達

　　「赴中國長城觀光日本人遇難死了三人」，這則新聞若是台灣的電視大概十秒就用機關槍掃完，然後讓觀眾莫名其妙：長城是人人都去的觀光勝地，怎麼會遇難呢？

　　新聞播報的第二天的雜聞秀報的更詳細，我頭一次聽到「野長城」這一詞。雖然知道萬里長城是每一個朝代都有增建，但是看了這一個小紙板，比我唸了多少歷史書都一目瞭然。

　　原來有這麼多斷斷續續的「萬里長城」。

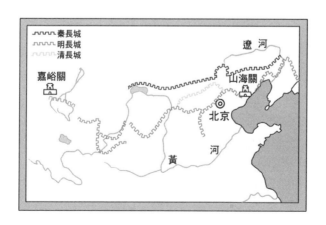

　　黑線是秦朝建的，灰線是明朝，淺灰線是清朝。觀光客常去的八達嶺、嘉裕關等勝地之外，還有許許多多已蝕腐成廢墟，無人維修的叫作「野長城」。此次日本人就是參加這專去僻遠荒涼的野長城的探險隊，遇到寒流大雪而遭難。

d. 小紙板用法→因果關係一目瞭然

　　緋聞也有得學！

　　「深度」的意思不是死板正經的學問，「深度」是只要你看完後有增加了新的一智的「成就感」。即使是緋聞八卦，有頭緒脈絡就有「深度」。

　　〈情報局局長自己的情報管不住〉

　　美國 CIA 中央情報局局長和女記者劈腿緋聞曝光，這是震撼美國的醜聞，甚至影響到歐巴馬的支持率。

　　真不愧是雜聞秀，首先，大家都知道 CIA，但是知道多少呢？

　　第一張紙板：什麼是 CIA ？

什麼是CIA？

● 總統直轄的獨立機關，別名「看不見的另一個政府」。
● 工作內容：可以採取任何手段、行動。包括「抹滅證據」。

第二張紙板：局長的背景

```
           局長的背景

●陸軍出身，美軍在阿富汗、伊拉克戰時總司令。
●美國人民的英雄，曾上總統候選人名單。
●有妻，和二子。
```

第三張紙板：波拉的背景

```
           波拉的背景

●美女是陸軍官校畢業。
●記者兼作家。曾長達一年為了採訪和局長滯留
  阿富汗。
●有夫，和二子。
```

第四張紙板：情報局局長保不了自己的機密！

專門抓別人情報的局長，而自己的韻事是怎麼被抓的？

・波拉懷疑她的女友 A 小姐和局長有曖昧關係，於是寫了許多恐嚇電子郵件給 A 小姐。A 小姐害怕才爆料給 FBI。

・FBI 調查了波拉的電腦，發現波拉多次進入了 CIA 局長的信箱。

・事情大條了！一般人怎麼可以進入情報局局長的信箱？這事關國家安危！

・繼續調查後發現，局長和波拉兩人的秘密信件交談的方法是，為求安全就以「不寄信」的方法：不通過 server，將內容寫在信匣內，再以各自的密碼進入信匣看信、留言。

（哦……學了一招，以後可以派上用場……。）

二、再難的題目，用甜圈圈餅細嚼慢嚥

這個甜圈圈餅（不甜也沒關係）的形狀，不是為了裝可愛，它的好處是：❶ 內容全部攤開一次看清，❷ 它是順時鐘方向進行，所以觀眾從中途開始看也可以知道前後。❸ 球心是大綱，邊緣是枝枒細節，比方各人物的意見。

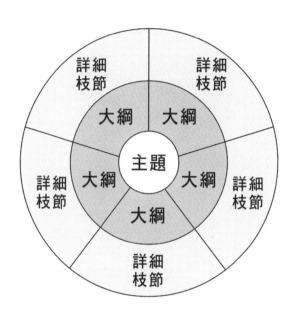

　　這個圈圈餅是朝日電台早晨的雜聞秀，每週一次玉川徹記者作報告。這是全部雜聞秀裡面要表達最剛硬、最複雜、最深的議題時用這個方式。但是超易懂！

　　今天選的這個內容是刺激筆者寫此書的動機之一。

　　有一次在台灣廣播電台的節目開放觀眾 call in，那天筆者是談核電。一位觀眾的問題是：「不用核電，那要用什麼電？」我頓時愣住，不是因為難，相反，這麼基本的常識竟不普及。在日本大多數人都知道，以東京電力公司為例，核電是占全部發電的 29%，不是全部。核災後核電停止其他有火力、水力都在發電，東京至今二〇一七年已經六年沒有用核電了。這不怪他，因為之前一位和我共同

上節目的立委自稱是核能專家，卻說：「台灣核電是占二十幾趴」，也說不出一個明確的數字。

請讀者看看在日本一般主婦的知識是達到這個程度。

今天的題目：零核電，電費真的會漲兩倍

反核不是宗教信仰或是意識形態，是靠科學證實，若一個能源是「真正安全」，「真正便宜」，誰頭殼壞去不想用？長年以來核電以「安全又便宜」為宣傳，而福島核災證實了地震是核電無法對處的，現在核電既得利益者只剩下以「便宜」為唯一的籌碼。雖然蔡總統二○二五年零核電，但是仍被親信蒙蔽並不了解電價和供電量的實情，時時被台電的「沒核電現在電量吃緊，要漲電費」所惑，不廢核四。

日本在民調 70% 反核的浪聲下，政府在二○一二年不得不宣佈在二○三○年實現零核電的能源方向，但是也同時宣佈零核電之下的電費會漲一倍。

在 311 之前，國民不會懷疑國家、電力公司發佈的數據，但是自從知道政府、官僚、電力公司這三者是核電利益共同體後，不再照單全收，民間團體、各媒體都一一檢證其虛實。

以朝日電台的玉川徹記者為例，幾乎每週他深入採訪官廳、政治家和學者專家。今天的圈圈餅是檢證「零核電，電費真的會漲兩倍？」（這不也是台灣觀眾希望電視作的事？）

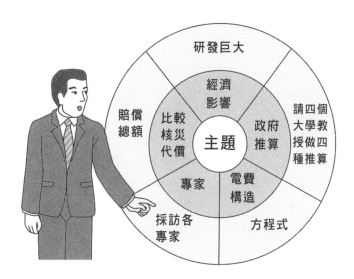

開始→①政府的推算：請四個大學作四種推算方程式②電費構造（方程式）③專家（各專家採訪）④比較核災代價（賠償總額）⑤經濟影響（大臣發言）

①政府請四個大學研究所算出零核電下使用火力、水力、太陽能板等新能源時的電費。

確實，乍看是每個月電費一萬圓的家庭會變約二萬圓。但是，不要忘了，這一切是依目前的電力公司的條件計算的。它有很多漏洞。

②電費是如何計算的？

每度單位價×用量＝電費

但是即使「每度電」漲了，而「用量」減了，電費並不會變。

這是日本的經濟趨勢，自從 311 之後，企業、家庭都學會了省電，並且，工業界的一個大革新是，一切新產品都朝省電功能。（二○一六年我邀請菅直人前首相來台灣時表示，相較核災前，日本現在總體的用電量少了 20％）。

③**專家意見**

其實早在二十年前家電都朝省電方向了，特別是現在，國民的省電的觀念更進步了。比方日本的電費價格是依時間而異，中午時段尖鋒期最貴，晚上十一點到早上七點是電價最便宜的時段，大家現在努力利用那個時段，所以反而電費變便宜了。

④**比較核災代價**

瑞士也是推算：核電是便宜，但是若核災發生了，其經濟上的損失作了一個比較。以科學數據知道核災的代價遠超過眼前的便宜，而決定零核電方向。「沒有核電經濟會衰退」這是經濟團體連盟一再的主張（電力公司一向主宰經團連）。

採訪國家戰略大臣古川，而古川前大臣竟然說：「零核電電費漲兩倍的推算是誤會！」

大臣親自說明：「意思是最高的漲幅會可能到兩倍之意。」

古川大臣指出：「沒有核電經濟會衰退」這個觀念已經過時了。德國在這十年的經濟成長已經證明了。

在過去能源消耗和經濟成長是成正比，現在從圖表可以看出因全國意識的成長，經濟持續成長而能源消耗持續下降。

依「科學技術振興機構統計，從一九九五年到二○○五年，家電耗電如冷氣機減少 43％，冰箱減 72％。如此下去至二○三○年普遍用電量會減少 27％。

三、實物實秀臨場感——
稀土、頁岩油，不遠在天邊

再提醒一下，雜聞秀的觀眾大多是主婦。什麼事情最有趣？關切自己生活的事最有趣！即使聽起來很遙遠的知識。

今天放在攝影棚內的是一排貼近生活的照相機、行動電話、電視、電腦、車子模型，這是什麼意思？

東京大學研究小組在日本的遠洋發現大量的埋藏稀土（Rare earth）。

稀土是現在家電不可少的成分。

為什麼？

稀土並不遠在天邊，每天身邊的科技物品都有稀土在裡面。這一排東西都是我們最親的。

接下來的知識你就會產生興趣了。

稀土的功能是，只要極少量就可以強化原本的物質的功能。比方，原本有磁力的，磁力會更；又像帶電的物質、會發光的物質，稀土就有如它們的營養，「強化」是現在先進產業不可少的。比方使彩色電視的顏色更鮮艷。

發現它，有什麼影響？

在過去，中國掌控世界的稀土。中國擁有稀土的埋藏量是世界的 30％，但是是世界產量最多的國家，原因是勞工便宜。而勞工便宜的緣故是，稀土含有輻射，一般會保護勞工，開採時花下巨大的

設備保護勞工，而中國沒有這一道工程，所以開採成本低。(很少人知道)

另外，中國也逐漸掌控非洲的稀土開採權。中國把稀土的外銷當政治籌碼，和日本的釣魚台糾紛時就故意不外銷稀土給日本，以先進產業為主的日本極受威脅。

在那裡發現？

在太平洋夏威夷附近的公海底三千五百公尺至六千公尺深，它的量是約陸地的一千倍，一千一百萬公噸，約二百三十年分的量。

是誰的？

公海的海底是屬於誰的領域？(領海)

關鍵語是小紙板上的：「國聯海洋法條約」。

依此條約是發現的人所有。並且日本正在開發這個海底開鑿的特殊技術。

日本變成產油國家？頁岩油開採成功

世界上會在主婦們看的節目裡介紹如何開採油礦的只有日本吧。

日本向來以「資源缺乏」為政治理由，比方發動了侵華戰爭是為了資源；現在仍不廢核也是因為「資源缺乏」為由，而現在日本將成為資源大國了？

頁岩油（Shale oil）、日本在二○一二年首次在秋田沿海挖掘成功。一般聽起來像枯燥無味，不，這在雜聞秀播了三十分鐘，原來這麼有趣又貼切生活。

Shale oil 過去被認爲無法開採的，美國是在二〇〇〇年代開發出技術，被稱爲「shale oil 革命」是美國的第二次的淘金熱。它給不景氣的美國打了一個強心劑。並且美國自己產油的意義是，政治上不再依賴中東了。這直接影響到整個世界的外交戰略。

為什麼它很難開採？

一塊頁岩油實物來到攝影棚現場。大家摸摸聞聞，看起來一塊很普通的石頭，但是仔細看，它有層層的細紋，紋線裡頭有油！這就是它麻煩的，不像油田，只要挖中了就中獎似的源源不斷湧出來。Shale oil 是石油和泥、岩凝固成一體。

其實日本新潟、秋田一帶在江戶時代就發現有石油，當地的人稱它「臭水」。量不多、也不受重視。

今天日本獨自開發出開採方法──在地下一千八百公尺處，插管進入岩層內注入鹽酸將岩石溶化之後連油一起吸上來，之後以離心力方法分離出石油的部份。

雖然秋田的埋藏量是約有一億桶（日本一年耗油量的一成），估計在釣魚台附近有十萬億桶。重要的是，日本獨自的技術可以作爲和其他國家合作時的一個籌碼。並且是朝向零核電的具體前進的一步。

它的一個缺點是會污染水源。不過目前日本開發出樹脂管是高性能可以克服此問題。

聯想到台灣四面環海，海底也藏有寶貴稀土和石油的可能性……？

有實物在眼前，枯燥的主題都變得生動、貼切了。

四、用小話劇解釋科學題目──諾貝爾獎 iPS 細胞原理

二○一二年諾貝爾醫學生理獎 iPS 細胞是全人類的喜訊，是生命科學史上劃期性的新開始。

這個消息發佈的當晚，筆者興沖沖等待第二天的雜聞秀將如何把這 iPS 細胞（獲得諾貝爾的原理不會單純容易懂的吧！）說明解釋到你不敢說不懂。

iPS 細胞是什麼？

他們介紹今天棚內請來的專家是「ピックリするほど，iPS が分かる」（把 iPS 懂到自己都剉！）的醫學博士。首先關鍵語寫在小紙板上。iPS：induced plu stem cells。（山中教授表示，刻意用小寫的 i 是想模仿 iPad，讓大家有親切感。）

iPS 是個萬能幹細胞，用途：

❶ 重生醫療。從它可以製造出各種臟器、神經、血管、血球、肌肉和精子、卵子。因為是自己的細胞，所以不會發生抗拒反應。

❷ 藥療。從病人的細胞提出 iPS 細胞再追蹤其 DNA。從 DNA 的設計圖可以探知病源所在，再製造出每一個人的對症下藥「客製」的藥。

❸ 體質研究預防：比如有糖尿病遺傳的人，從 iPS 細胞研究出 DNA 設計圖，可以預防。

關鍵觀念：

人都是從一個受精卵的萬能幹細胞開始分裂成各種器官、肌肉

等成長的。而 iPS 細胞就是和它逆向而行。從身上的細胞回到最初受精卵般的萬能幹細胞。

iPS 細胞存在人體的何處？

其實在一九九八年美國就以受精卵製造出萬能幹細胞的實驗，但是那必須要破壞受精卵，也就是人的雛形，這有人倫上的問題，爭議很大。

這就是山中教授得獎的原因，他製造出的 iPS 萬能幹細胞不從受精卵，從身體的任何部位都可以。他是用皮膚細胞製造的。

如何製造？

也就是如何將皮膚的細胞初期化，回到最初期的萬能幹細胞？

筆者想起一位日本作醫學研究的朋友曾說過，「山中教授也是運氣很好⋯⋯」當時我不懂是什麼意思，反正必是深奧理論，我也聽不懂，但是真不愧是雜聞秀，這個得獎的關鍵理論用短劇呈現，這還是頭一次看呢。

富士電視的主播笠井說明到這裡就穿上了實驗室的白衣：「這開始要用話劇來說明。」

他喊著：「喂！皮膚細胞過來。」

一位穿著 T 恤上面寫著「皮膚細胞」的男生跑來了（工作人員）。

笠井對他說：「請你變成肺器官。」

皮膚細胞拚命揮著手說：「不，不，我不會變，我怎麼變？我是皮膚呀！」

笠井抱著胸想，「說的是啊，」於是拿起旁邊的小箱子裡有 A、B、C、D 四種 DNA 的小球，一個一個貼在「皮膚細胞」的身上，「皮

膚細胞」就啊！啊！──轉身脫下剛才的 T 恤，變身寫著「iPS」的
T 恤。

哦～懂了。

　　山中伸彌教授是將四種 DNA 加入了皮膚細胞內使皮膚細胞初期
化到 iPS 細胞。
　　那他是如何發現這四個細胞？
　　山中教授說：「是誤打誤撞的。」
　　人有二萬個以上的遺傳因子，其中只有二百個有可能性。若照
組合方法的話有一百九十六萬種組合方法，一個一個找要花二、
三十年的時間。他說：「有如在漆黑中揮著棒球，不小心打中了。」
但是他確信有一天一定會中，因為他有先前的確實 data 數據「知道
一定有球飛過來」。現在才了解之前筆者的朋友說山中教授「運氣好」
的意思：二百個細胞中注入了二十四個細胞，不用做到一百九十六
萬個組合試驗，iPS 細胞就有反應了！接下來要從二十四個細胞找出
是那幾個，就容易了。他的助手以剔除法方式，在一個月內確定了
是那四個細胞。
　　好懂哦！以上是以短劇加上小紙板說明。好處是，左腦、右腦
並驅，左腦思考理論，右腦看短劇的實像加深印象。

　　接下來是用紙板說明：
　　如何應用 iPS 細胞？
　　採訪幾位患者的錄像帶。有幾位是數年來和山中教授合作，提
供自己的細胞作研究對象。

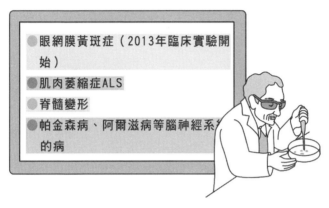

　　無法從活人的腦取出細胞作研究，而利用皮膚 iPS 細胞即可在試管中研究 DNA 探知病源了。

　　電視的一個長處是除了資訊之外可以看「臉相」，這也是一個重要資訊。靈魂之窗眼睛可以看出這人的虛、實。山中教授表示，必須和研究同時進行的是各種專利的取得。但是，不是一般爲了保護私人的利益，相反，這是爲了不讓專利落到單獨的企業手中，壟斷新藥賺取暴利。他將 iPS 相關的一切專利都歸在京都大學和公家機關的名下，如此能以廉價、普及授權給廣泛藥廠以降低成本。他在述說這一段時凝視著遠方的雙眼是清心無欲。

第四章

有不有趣不在難不難
→起、承、轉、結步步深入難題

一、脈絡通，什麼都有趣

　　有一次我在台灣的節目中說，日本的電視新聞一半是國際新聞，主持人問我：「那樣不怕沒收視率嗎？」這正點出台灣的電視錯誤的迷思：「觀眾不喜歡正經話題」。可是為什麼台灣新聞老是「美食和糾紛」，而觀眾仍不斷的遠離電視？

　　有不有趣不在於議題難不難，在於如何陳述。沒頭沒尾、不知來龍去脈，誰看了都會覺得無聊。台灣的國際新聞「聯合國部隊撤離敘利亞」二個句子十秒就結束了，這是打電報，不叫作新聞。聯合國部隊是什麼時候，為什麼進軍敘利亞？作了什麼貢獻實績？當地居民的感受？為什麼要撤離？會有什麼影響？整理頭緒才叫作報導吧。是你自己把新聞弄得沒有價值，卻怪觀眾對國際新聞沒興趣。一個完整的報導有脈絡，起、承、轉、結，什麼都有趣。

　　日本常用「起、承、轉、結」，我想知道中文怎麼說，翻了字典，原來「起、承、轉、結」不就是始於漢詩，明明是自古就有的邏輯呀。

二、五個例

　　（鴻海併夏普日本是這樣報導），（最新型百貨公司不在「形」），（上海蟹是德國籍），（敘利亞的虐殺武器），（藝人病了）

例一：〈鴻海、夏普案。日本是這樣報〉

鴻海併購夏普案震撼了日本和台灣。二〇一二年正處於日圓空前高漲，日本企業趁此優勢大舉進軍海外作併購，比如軟銀買下了美國 Sprint 成為世界第三大的通訊公司等，而這時相反，日本老牌夏普要被海外併購！並且日本人最感到衝擊的是夏普家電是人人從小用到大有深厚的感情之外，夏普年年赤字（二〇一一年三千七百六十億日圓，二〇一二年四千五百億日圓赤字），但是擁有最代表日本的最新技術。日本是以技術立國，這併購會使技術流出？雖然拯救了企業，但是這是福？是禍？為什麼擁有高技術的企業會挫損這麼慘？

同樣震撼台灣和日本的新聞，來看看日本電視的報導方法和台灣那裡不同？

再提醒一次哦，雜聞秀的對象不是菁英層哦，白天在家主婦、退休者看的是這樣的水準……。

起

夏普在二〇一三年將迎接創業一百週年。先從夏普的歷史說起，在攝影棚內桌上，羅列了一排夏普的代表的家電產品。連免削自動鉛筆日本叫 Sharp pen，因為是夏普（Sharp）發明的。太陽能板也領先世界。小型計算機、礦石小型收音機都在桌上。

夏普享譽世界的是在液晶技術。在二〇〇一年，夏普的液晶電視占全世界產量的 80.5％。iPad、iPhone 的液晶技術都必須仰靠夏普的技術。

承

輝煌的業績會轉為危機的原因，這一點是此專輯的重點，因為這是日本企業典型的通病。

這必須由專家請到棚內現場作見解說明。不愧是專家，一針見血：「夏普是勝在電視，但也是敗在電視。」夏普著名的液晶電視 Aquos 自從在龜山工廠製作成功，原本是窮鄉僻壤的龜山，搖身為世界名牌 Kameyama brand。夏普對自己的液晶技術極為自負，乘勝追擊又花下了四千二百億蓋了一個在堺市的工廠，專門製造更大型五十～六十吋的電視。但是，世界的大環境已經改變了。

①夏普的先鋒技術已被後起之秀的韓國趕上（再先進的技術都遲早會被追上的，這稱為「技術陳腐化」）。

②並不是全世界都追求高規格（high end）的東西，超大型電視的需要很少。（目前三十二吋最普遍）

③夏普深信，日本人一定買日貨，即使價格較貴，這也失算了。只要品質差不多，現在日本人不再執著日貨。

在二〇一二年夏普之液晶產業跌至世界的 5%。

轉

救星鴻海出現，首先，詳細介紹台灣的鴻海企業，有九十六萬員工（二〇一二年），營業額九兆三千億日圓，在二〇一二年出資六百六十五億日圓買下了夏普 9.9% 的股份。但是夏普的經營卻不見好轉，更惡化。夏普股票的跌價當然郭台銘要想下一步了。這下一步是會到什麼程度？是全日本關心的焦點。今天（二〇一二年）郭台銘一同來到堺市工廠。若取得夏普的經營權，對鴻海的利點是：

①擁有夏普的優秀技術，② Apple 企業有 40％是鴻海生產，所以利用夏普工廠可以使供給更安定。

雖然看起來似乎雙贏，但是進一步談到如何重振業績現實的兩個問題：❶夏普對被要求削減五千名員工顯示難色。日本的企業文化是不會因為業績不好就立刻炒員工魷魚，除非萬、萬、萬不得已。因為日本公司是一個大家庭，特別是這種悠久歷史的製造業，是戰後從廢墟中大家一起打拚過來的伙伴……。❷夏普肯交出多少苦心研發出來的命根子技術（日文稱「虎子的技術」Tolanoko）給鴻海？比方龜山工廠交出照相機和液晶電視的技術，那是夏普的懷中至寶，夏普精神圖騰……。

對郭台銘原本答應參觀工廠後要開記者會，而卻臨時取消回台由副總代理出席，日本媒體感到非常錯愕。台灣人被大人物放鴿子覺得沒辦法，但是在民主成熟國家就不然，日本是無論是什麼大人物，不，應該說，愈是大人物愈重視自己的承諾，絕不會放鴿子，這是個人的信用問題。即使是夏普、鴻海的見解觸礁，不方便具體回答也不應放鴿子。在棚內的來賓也議論紛紛。

結

在節目中經濟專家說了一個有趣的經濟哲學「進化的死巷子」（cul-de-sac evolution）。夏普的失敗是源自於成功。

這也是日本戰後的企業文化發展的縮影。日本的企業文化是無止境的追求「去年比」、「前期比」，要不斷地發展技術進化停不下腳步，而最後成為為技術而技術，不是為人的需要。在公司內部也沒有人敢對前輩建言「有需要再發展下去嗎？」最後因為自我陶醉獨

自進化，稱 Galapagos 現象，沒有市場需求，走上死巷。

技術上是成功，但是在競爭上失敗。日本的珍貴技術今後會不會都像夏普的命運，最後都流失到海外？

觀眾思

有了清晰的來龍去脈，背景了解，那兩點懸案，今後的發展就更有趣了。

例二：〈新形百貨公司不在「形」〉

這會讓台灣 NCC 氣死，是在作廣告宣傳？有閱聽力的讀者可以看出是，這是點出了未來百貨公司的新走向吧。

起

Darsin

我沒聽過這個百貨公司，但是即使現在知道了也不會去，但是這二十五分鐘的專輯看得津津有味。不會去的原因是，這家百貨公司的顧客目標不是我。這就是關鍵——百貨公司的新走向，鎖定半徑五百公尺範內的居民，作徹底、周密的服務。

日本一般的大百貨公司都是在車站附近，比方在新宿車站的半徑五百公尺內約有十家大百貨店。而這新型（新戰略）百貨公司是設在離車站十分鐘遠處，並且雖然大森是東京山手線的一站，但是我是從來不會去的站。它的戰略是：抓住每一位附近的居民一切的需求。

承

是從開店的前幾天，這龐大的百貨公司如何準備，一切由社長親自帶路，邊說明。

革新性特點是，離車站遠的目的是，爲了方便附近的居民。日本的土地價格是離車站愈近愈貴，一超過徒步十分鐘地價降下許多，所以住在十分鐘左右距離的居民居多。雖然比車站附近的人少，但是「要 100% 抓住每一位居民」，戰略如下：

❶此店面積雖不大（只有池袋西武的八分之一），但是商品的種數有十八萬種（比涉谷東急店多）。比方，光是牙刷，就有二百種（包括罕有的豬毛等）。貓、狗食有三千五百種。商品從日用品到家電、單車，甚至佛壇。也有高級的名牌包、寶石，甚至價格二千八百萬日圓的波斯地毯。

❷這百貨店稀奇的地方是：賣稀奇品。稀奇不是稀貴，而是已被時代淘汰掉的、被遺忘的物品，但仍有一點點人會想用的東西。

比如洗衣板、蹲式馬桶蓋、飯桌的罩子⋯⋯一些老年人長年來用習慣的東西。

這個百貨店是任何少數顧客的需要也不遺漏，所以不惜浪費空間陳放這些一年只賣出二、三個的「稀品」。

❸食品：講究現作，使百貨公司有家庭氣氛。現烘的麵包、現作的咖啡，和熱騰騰的菜餚現賣，如同主婦的第二個廚房。

❹老年人的攻法：日本是個高齡國，此地的顧客 60% 是年老層，不少老人是獨居，買現成的菜居多，並且量要少，這裡賣的壽司一盒只有兩塊，或是三片生魚片等少量生鮮物，可以一次吃完配合老人的食量。並且老人購買大量物品時有宅配服務。

❺不只是百貨公司，也是地域交流中心。

屋頂是綠油油的草坪，小孩子和馬玩。在東京都會內很難得綠化這麼徹底。在此定期舉行活動供地區的家庭們作交流。

並且，老人孤單時隻身來這兒晒晒太陽、聊聊天的交流場地。

轉

這百貨公司社長不穿西裝只穿作業服。看起來約四十來歲，但是人生是已經翻山越嶺很多次了。這個百貨公司過去是專賣低廉商聞名，而那條路線在八年前走到盡頭，公司破產了。之後，前任社長病逝了，面對無處可歸的員工，他想出這個藍圖重建公司。

結

社長表示，百貨公司在新時代能生存，不是靠規模、靠財力，而是轉型為地區的一個「基礎建設」，如同，水、電、瓦斯的生活必需之一部份。

要徹底研究每一個人，包括少數族群的需求也不割捨的新觀念。

這個理念很像松下幸之助曾經說過的「自來水的哲學」企業要像市民的自來水般，源源不斷補給營養。

例三：〈上海蟹是德國籍〉

今天攝影棚內的來賓是幾隻五花大綁的活生生的上海閘蟹。（向餐廳借來，拍完後要還。不惜這麼麻煩，要秀實物）這是一個約十分鐘的專輯。

起

秋、冬天若要宴請貴賓，日本料理的最高級美食是河豚；中國菜館的最高級饗宴是上海閘蟹，一隻要三千五百日圓。

而昂貴的食材，並不表示全世界的人種都愛吃。一段錄影：記者拿著一張螃蟹的照片，問東京街上的歐美老外：「你喜歡吃螃蟹嗎？」幾乎每一位歐洲人都同一個表情，齜牙皺眉說：「好可怕，這可以成為食物嗎？」、「絕不會把它放進嘴裡的。」

承

接下來的影像是令人發毛的，千千萬萬隻上海閘蟹爬滿了河川，這是在德國。不吃螃蟹的德國人被其大量繁殖造成的公害比如堵塞河流、破壞水壩，頭痛不已。曾試過許多辦法驅害，比如把閘蟹壓扁作成肥料；想用它作成肥皂，等等嘗試都失敗，至今已花了八千萬歐元處理蟹害。

轉

一天當地的漁夫不小心看到電視上中國菜的蔥爆大閘蟹，才知道中國、日本吃蟹，就和當地貿易公司合作開始撒大網捕活蟹，外銷對象定為中、日、韓和越南。大隻的可賣到五百至八百日圓，當地不少人也參加這除害又可賺錢的活動，但是也不少人死也不敢碰這個「硬殼八腳的怪物」。

結

話說回來，上海大閘蟹是怎麼到德國的？

竟然要追溯到二十世紀初。中、德的貿易時期，德船運貨到上海後空船在航海上不穩，空貨後會載滿當地的海水、河水鎮船。螃蟹在這時混入水內「偷渡」到德國後放流到川河。歐洲的川河原本就沒有螃蟹，所以沒天敵，水質又合適，又沒人吃，因此大量繁殖至今。

相反的，在中國由於工業污染川河，閘蟹劇減，而改為人工養殖，這就是造成數年前，台灣檢疫不通過上海蟹，由於過多的抗生素。

現在反而從德國進口的才是真正的、天然的上海蟹的老祖宗。

觀眾思

這特集有實物、有條理，又有採訪在日本的德國人，真有地球村之實感。

例四：〈敘利亞的虐殺武器〉

台灣電視上的「國際新聞」，不叫「新聞」，只是「趣事」：泰國的胖子選美、大象賽跑、美國吃熱狗比賽等。偶爾有些國際政局、經濟，電視新聞則和收音機廣播一樣，二句話帶過去就結束了。不要說筆者大學主修國際關係有知識背景也莫名其妙，新聞沒頭沒尾只是「轉告」美聯社等通訊社說的。新聞台不作任何加工「SWIH」的工作，那要你新聞台幹嘛？播放的意義何在？

電視應為國民的世界之窗。台灣的資訊不和世界同步，更會成孤兒、井底蛙。

這一例是人權組織對敘利亞政府的抗議。

起

日日惡化內戰如火如荼的敘利亞，昨天又有大規模空襲死傷數百市民。但是這次被發現，敘利亞政府使用了被禁止的殘忍武器cluster炸彈。一名戰地記者拍攝一名小孩子在玩這未爆彈。

世界人權組織提出嚴重抗議。

承

這武器如何殘忍？

在棚內拿出一個炸彈的仿品。看了構造一目瞭然。

「cluster」是「一掛」如葡萄、香蕉，聚集成一堆之意，cluster炸彈裡面有數百個小炸彈，有大規模殺傷力，一顆可爆炸相當足球場的數倍。

在棚內拿出一個和實物一樣的仿品，和手電筒相差不多大小形狀作解說。大炸彈中的小炸彈，一個一個有降落傘，這構造是為了使其頭朝下，方能撞擊地面引起爆炸。新武器大多是用來對付一般市民用的，犧牲的94％一般市民，其中40％是小孩，這原因是炸彈構造上：不少小炸彈的降落傘不靈，沒朝下所以掉到地面沒爆。大部份傷亡是因為以為空襲結束，回到家裡，小孩子不知道是未爆彈，玩一玩，結果爆炸了。

轉

雖然二〇一〇年締結了奧斯陸條約禁止使用這種不人道的武

器。雖有一百多個國家署同意，唯獨軍事大國，美、中、俄不簽，敘利亞也沒參加。是條約的力量的極限。

結

這種炸彈另一個大問題是後遺症：散佈的地區極廣，很難作戰後收拾。並且到處有未爆彈的危險。這對復興支援是極大的障礙。

觀眾思

美軍在越戰時撒了大量的枯葉劑，至今它的後遺症，如五體不全的越南人後代還是不斷被生出來……。這六十年內，科學進步了，只有人心沒長進……。

例五：〈藝人病了〉

即使是報導一位藝人生病了，也可以學習到醫學知識。

日本語「藝人」和中文不同，是專指「講笑」的藝人。

起

一位資深的講笑藝人叫矢部，年齡四十歲，因為「肺發現有洞」而需住院療養。

（台灣的新聞大概就這麼結束。）

這是身材高的男子較易得的病，稱「肺氣胸」，男子居多。

承

專門知識一定請專家親口解說，今天是由中央內科診所的院長說明。這並不是什麼特別著名的診所，即代表一般醫生的見解。也一定會打出診所名和醫師大名（以示感謝）。

轉

為什麼高的人，而且男子較容易罹患？

院長表示，是因為身高高的人是成長速度快，胸骨的成長追不上，所以會較脆弱。另外，肺部如氣球，吹越大表面會變得愈薄，所以容易「破洞」。

結

幸運的是，他早期發現立刻就醫，而且他最近和女主播訂婚，心情好，免疫力提高。醫生表示大約二週後可以退院。

觀眾思

這是小新聞，而且是我沒興趣的藝人，但從這新聞得到了新知識，因為我身高也有一百七十公分……。

第五章
高收視率的有趣題材就在身邊
→ 朝深挖，深就是新

一、有趣題材都在身邊，朝深挖，深就是新

一位台灣電視工作者告訴我，「台灣的『獨家新聞』只是形容詞，並非真正獨家」。確實，小島國要「獨家」很辛苦，不過其實有趣的題材可以自己「生」出來，而且不遠在天邊的一定要奇談怪事或外星人，就在身邊的食、衣、住、行、旅、樂。並且也不必新，舊題材也行，不同的是，往深處去發掘其理。

「深就是新」是日本的大纖維公司東麗 Toray（舊名東洋 Rayon）的經營者理念。他們表示自己的技術永遠領先全世界，是因為發現「要新，就往深處」，「深」可以無止境得發展。

「獨家報導」或有趣題材，不要祈禱從天掉下來，自己的好奇心、探求心可以生出來。靠知性、感性和邏輯去深掘。

二、五個例

（天氣預報，永遠上不完的自然課），（電腦傷眼的原因），（生活法律小百科），（最新蛀牙治療），（料理不只是料理）

例一：〈天氣預報，永遠上不完的自然課〉

颱風是我們住在東亞的宿命。而颱風的播報只限於在颱風現場，穿雨衣、戴安全帽拚命抵擋狂風暴雨，或是被吹跌倒才叫颱風報導？當然，是有顯示風雨勢力之意，日本也常有這種鏡頭。我對製作人的朋友說過：「觀眾不是施虐狂，看著記者被風雨凌虐會高

興。」

　　日本電視的氣象報告是我很喜歡的節目，這也是各家電視台競爭激烈的一塊，也有廣告商獨家提供那短短的五分鐘。競爭點在於兩點①人、②內容。

　　人：有不少帥哥美女的天氣預報士，但是依人氣排行榜的前五位卻都是貌不驚人的歐吉桑。這五位的共通點：外表像隔壁鄰居親切、溫暖；聲音語調當然不會像機關槍掃射，就像一般聊天。內容才是每位天氣預報士的牛肉比勝負。筆者幾乎每次看氣象都可以學到一個大自然相關的知識，甚至有本事看了整個東亞的衛星雲圖可略預測近期的天氣變化了。

　　這一點就是日本預報天氣的目的之一，不光是預報，也同時和觀眾一起作知識學習的互動。

　　為什季節的交接期常有大雷雨？東京會下雪的條件？為什麼靠日本海的雪特別細？為什麼近年日本會發生龍捲風？櫻花是需要什麼條件才會開花？「聖嬰」是什麼意思？如何影響東亞氣候？夏天愈熱真的楓葉就愈紅？為什麼最近蔬菜大漲？今年蟬好像特別多，為什麼？

　　僅僅五分鐘的時間，天氣預報士也用小紙板詳細說明。

　　若昨天某地發生了大災害，今天雜聞秀的開頭就請氣象專家上節目作長時間的說明，收視率也都很高。

　　日本、台灣同樣是颱風大國，而一直很納悶的是台灣從來不報中心氣壓是幾度，在日本是人人的常識。比方 960hPa Hectopascal 差不多是中度，930hPa 是強烈，數字愈低颱風愈強。報氣象也要用理

論不是光憑感覺。

〈例—1〉颱風的左側還是右側破壞力較強？

讀者有想過這個問題嗎？先說答案是右側。原理用 CG 在螢幕上一目瞭然！台灣、日本北半球的颱風是逆時鐘方向旋轉，風從南往北轉，即從右往左轉，因此颱風的右側風勢較大。

〈例—2〉為什麼在八月份颱風大多去台灣，九月份大多轉向日本？

颱風本身沒有前進的力量，是靠氣壓和風推動，颱風是順沿著太平洋的熱帶性高氣壓的邊緣走的，因此高氣壓的中心漲到東北亞的日本的八月，颱風則在邊緣的台灣。到了秋天，高氣壓的中心縮小了，颱風就北上去日本。

光是天氣就有數不盡的題材。氣象報告是大人的自然課。

例二：〈電腦傷眼的原因〉

為什麼長時間用電腦眼睛會酸？

電腦導致眼睛疲勞是現代病。今天二十分鐘的專輯分析原因和專家告訴我們對策。

LED 除了燈之外，電腦、智慧型電話也都因 LED 變的更清晰，但是 LED 也是傷眼的元凶，原因是出在它的「藍光」。記者首先探訪 LED 振興協會的理事長告訴我們原因：

藍光雖然是在紅、紫外線內，但是是在可視線紅、黃、綠之

外，藍光是短波。短波的特色是會散亂。（天空是藍色的原因。哦，原來如此……）

有LED藍光的電腦、電話會傷眼睛的原因是，藍光是散亂的，眼睛會不斷想要對焦（無意間），這就是造成疲勞的原因。一個小知識：晚上照藍光會睡不著。早上照藍光，身體會自然的覺醒過來。

接下來記者採訪眼科醫院院長，告訴我們如何保護眼睛。企業開始提出對策：目前的軟銀（Softbank）廠牌的電話上面都有貼上減藍光的薄膜，（說出品牌NCC會罵是宣傳？見第六章）。日本微軟公司（Microsoft）發給社員五百人電腦專用的眼鏡。在市面上也開始普遍販賣了。

醫師建議每用六十分鐘，休息五分鐘，以及睡前避免看電腦或電話，以免有睡眠障礙。

例三：〈生活法律小百科〉

電視製作人的朋友告訴我，法律相關的節目或是特輯一定有收視率，但不太猜得出原因。日本的社會又不像美國，動不動就動用律師，筆者的猜測是，並不是日本人不再「愛和」而變成「好鬥」；反而是愈懂得相互的權利，就愈知道什麼是不該犯，要小心別誤犯的。

另一個高收視率的原因是，我想是因為題材和製作手法都非常貼切每個人的生活。

在TBS的《中午時段》節目進行中，一位每天的評論客也是律師他穿著法官的黑斗篷（他確實有法官經驗），也是用小紙板和其他

來賓作問答。

今天是有關〈勞工災害保險的法律知識〉。

問：甲先生向來是搭電車上班，今天心血來潮開車去上班，結果在路上和車子相撞，受傷了。這是在勞災保險範圍內嗎？

一個重點是：公司有規定，不准開車上班。

答：可得勞災賠償金。

「通勤」（日文上班之意）的法律上解釋是：為了赴職場工作的交通行為。甲是為了去公司而出車禍，因此可獲保險金。

至於公司有規定不准，但並不是法律，只是私人的規定。（不過，雖然甲可以拿到保險金，但是會受良心苛責吧！）

這一連串的起、承、轉、結都是用前述的手法和遮貼答案，誘導觀眾思考按部就班進行。

問：類似的問題。去客戶公司拜訪後已經是下班時間了，就直接回家，在路上咖啡廳休息一個小時，之後在路上摔傷了腿，這也在勞災保險內嗎？

答：不，而且原因是出在那「逗留一小時」上。

因為這是從職場回家，還是從咖啡廳回家的不同。依照勞災法×條×項，若不是在公司和家的路徑上，或是有「中斷」（比方，中途和朋友去吃飯等）則不適用保險。在店裡逗留了一小時，就算是「從咖啡廳回家」都和公司無關。

問：和同事們出差遠地，晚上大家喝得醉醺醺，回飯店的路上摔跤受傷，這有勞災保險嗎？

答：有。

依勞保法是：在雇主的管轄之下。出差是二十四小時在雇主的管轄之下，並且晚上和同事吃飯喝酒的行為也算是公務，不算是私人行為，所以可以申請保險金。

例四：〈最新蛀牙療法〉

看牙醫時最害怕什麼？全世界的人都一樣吧。那機器磨牙時刺耳尖銳聲音。這個可以解決啦！並且一般要在蛀洞上蓋上金屬或陶瓷至少要等上一週的製作時間，現在只要十五分鐘！

這三十分鐘的特輯由記者採訪東京的一家齒科診所。

在過去是要先用機器將蛀蟲腐蝕的部份完全磨掉，這就是可怕的尖峰，現在替代它的是一種叫 Carisolv 的膠狀液體注入洞內，等三分鐘，腐蝕的部份就會脫落，這個過程用動畫解說。

接下來是製作蓋牙的金屬，過去要等個一至二週，現在是十五分鐘！

作法是：先用 3D 立體的攝影機拍下，電腦自動計算出牙型的設計圖，之後機器依此設計圖將一塊陶瓷塊如同兩位技工的手似的開始左右研磨，製成你專用的牙蓋。

這一段是由在場的攝影助理親試，她原本是覆蓋著銀蓋，當場替她製作了陶瓷蓋。

費用也一定會明言，一個要五萬日圓（國保不能用）。（這又是宣傳嗎？待第六章議論）。

例五：〈料理不只是料理〉——女星、名廚二世教料理

新年度的料理老師是由日本的名廚的二世擔任。他雖然已經出道開業了，但資歷尚淺，所以觀眾不會覺得門檻太高，而又因為有位名廚的爸爸當招牌。

今天是著名的義大利料理廚師片岡的兒子教作歐姆蛋（omlet）。這是普遍的家常菜，而他的流法是加入許多蔬菜（一般是光只有蛋，最多加入火腿、起司而已）。歐姆蛋難的是要半生軟花花的食感，很想知其奧義。不過今天的重點是除了火的力道之外，教我們從如何選蛋開始。

什麼樣的蛋適合作歐姆蛋（omlet）？和觀眾及來賓作問答互動。

❶剛下的蛋，小型，❷生下一至三天，小型，❸剛下的蛋，大型，❹生下一至三天，大型。

這個答案是，播了一段片岡和記者親自去一家養雞場所作的採訪錄影。

這有四十年歷史的養雞場的老闆娘告訴我們答案：「生下一週後的小型蛋」。

原因是一週後，蛋裡面的二氧化碳（碳酸）才會消失，味道才會濃厚。

至於大蛋、小蛋之別只在蛋白，蛋黃是無論蛋的大小都一樣，所以若希望蛋味較濃，則選擇小型蛋。

這也讓在棚內的政治評論家先生們聽得心服口服。

在技術上，讓蛋嫩花花的作法是，起先用大火，一旦半熟了，立即轉為小火。

　　另一個小招，淋在蛋包上的蕃茄膏汁作法，任何家庭都有的蕃茄醬，只要加入蕃茄罐頭一起炒，味道會像似餐廳熬了許久的美味！。

女星也獻廚藝

　　筆者在《名媛養成班》內有提，世界上有家世「真正的」名媛，都有幾道自傲的拿手菜（這表示自己出身於有家教的娘家）。在日本，任何大牌明星即使不會作菜，也騙說會。

　　女星也經常客串來教私房菜，並且懂的料理學問還不少。料理的學問和在場的來賓，包括政治評論家都一起參加問答題。也用小紙板和來賓互動猜謎。

　　問：豬肉和牛肉。那一個脂肪燃燒效率較高？

　　答：牛肉是豬肉的兩倍。

　　知識方面告一段落，開始實際作菜。我學到一點是，要切韓國泡菜時，在菜砧上鋪上一張塑膠膜，可以使顏色、濃味不留在砧上。

　　她先炒洋蔥。

　　又學到一個是，豬肉炒蔬菜時，要先從豬肉炒起；而牛肉炒蔬菜時，要從蔬菜先炒，牛肉後加（因為不使牛肉過熟）。

　　又一個知識的問答：

　　問：要使牛肉更好吃，作什麼小步驟？❶將它先冷凍❷半冷凍（chill）❸浸在可樂裡❹浸在牛奶裡

　　答：回答這個問題不是憑個人的喜好，以科學儀器分曉。今天來到了一個研究所叫 intelligent senser Technology，使用一種味覺的感應器可以測出食物內的胺基酸成分，（胺基酸成分 amino 就是味蕾感

到美味的元素）測量那四個作法的前後比較，很明顯的數字顯示在
0℃下游離胺基酸大大的增加，其他❸與❹只會變軟，味道不變。

　　炒完後最後加進蛋，半熟即可。但是注意不要翻面，原因是為
了盛盤的美觀。

　　在場的政治論客們也對料理、食材的科學理論聽得津津有味。
光是一道菜滿足的不只是舌頭。

第六章

「商業置入」文字獄？
——觀眾、電視台、企業、經濟四贏的資訊傳播

一、軍紀管文化

　　的確，在安倍首相公開表示，為什麼他在上次首相任期中（二〇〇七年）突然辭職的原因，因為罹患潰瘍性大腸炎，一天要上十幾次廁所。在他服用了 Zeria 開發的新藥治好了。之後這家藥廠的股票大漲。

　　安倍是在替這藥宣傳？不，因為他一度失去了國民的信任，這次他必須說出實情、實藥、具體的私有名詞才有信憑性。

　　每逢在日本的電視看到這種場面會不禁莞薾，因為想起和台灣的媒體工作人員經常皮皮挫，深怕牴觸到 NCC 所興的文字獄→不許節目內提專有名詞，這牴觸「商業置入」（節目和廣告宣傳促銷要分開）。但是經常聽人人抱怨「電視介紹美食好想去，但是都不說店名」。在日本是一百八十度相反：店家名、住址、電話、價格、營業時間、特惠期全在螢幕上。不但如此，有特色的新產品，藝人在節目裡說明用法，秀廠牌，和價格，並加上有多好用的感想。但是說明內容的理論性不會讓你覺得這藝人是被收買。

　　我以前不知道台灣有這種文字獄，是有一次在直播節目中我說：「日本在災害時 Seven Eleven 會提供災害時用的免費電話」，這時看到主持人很慌張才知道在台灣的媒體不能說出專有名稱，即商店名、商品名，這牴觸「商業置入」廣電法，電台會被罰錢。在電視、廣播上，Seven Eleven 要說「有數字的便利商店」，SOGO 要說「英文字母的百貨公司」和觀眾作猜謎。

　　對這種不符合時代的文字獄，我直接採訪了 NCC。

　　明治天皇的玄孫竹田恆泰是新潮派的皇室後裔，也是作家寫了不少反核的書。他不像其他皇族以爲只要和國民握手就是在作社會貢獻，他是極少數眞正以行動關心社會的皇室後裔。稱他是新潮派是因爲他努力讓現代國民了解皇室。他清楚知道現在是 presentation 的時代，沒有人會無條件的接受任何人，即使是皇室。天皇制要存續被時代接受就要講大家聽得懂的話，了解才會被接受。不了解就會被疏遠、被淘汰。

　　比方皇太子妃雅子，過去國民很同情她因受皇室的重壓而得憂鬱症，但是已經十多年了，雖稱有好轉但仍很少現身，國民開始反感了「是在裝病吧？作點事吧！」。皇室不再是過去藏身在厚重的褥幕後面仍能受國民臣服。

　　竹田恆泰經常上電視闡述一些皇室內的生活、趣事，是盡量想拉近皇室與民間的距離。

　　今天他上電視的主題是，皇室愛用那一家商店的什麼東西。這不是只有「嫌疑」，就是在宣傳！指名道姓那家店，在那裡，並加上實際價格。

　　今天他介紹兩件皇室御用的傘和銀器。

　　首先他提到一點是向來不爲人所知的：一九五五年之前是禁止商店自行以「皇室御用」作爲宣傳招牌。

　　皇室愛用的這傘是淺草的一家百年老店製作的。節目中播放這傘的製造過程，師父每一根手指小心翼翼貼、摺、磨，精製的結晶。之後一把實物的傘拿到攝影棚內。拿起來很輕，開傘時毫不費力，一撐就上緊環扣。

　　價錢是十萬日圓。竹田不是白目來炫耀「皇室好高級哦」，相反

的，是稱讚這傘雖貴但是可耐用九十年。他知道皇室的一切開銷是來自國民的血稅。（上次在台北買了一百塊的傘，打得開但收不起來，無法搭車，用五分鐘就丟了。算一算，十萬日圓用九十年較划算……）。

下一件皇室御用的銀器價格就平民化多了。

皇族及美智子皇后都以這家的銀器作為慶生禮物。節目播出這位於銀座的宮本銀器店以手工製造刀、叉、匙等食器的過程。皇后送給皇孫愛子和悠仁的是一對銀湯匙，價格是約五萬。（愛瑪仕的圍巾一條在日本約三萬，是一般人負擔得起的消費範圍）。

竹田這超級推銷員對社會有什麼好處？

不待他說出為何要介紹這些商品的原因，觀眾可以了解這些都是日本的傳統工藝文化，要傳承下去必須要靠顧客支持。這是一個資訊，但是難道沒有宣傳促銷效果？當然有，下次我要送禮時一定會考慮。

這種節目在台灣的話要被罰錢罰不完。

電視的功能是傳遞國民需要的資訊，其中怎能不包括消費者關心的商品的具體資訊？而只要提到商品、商店專有名稱就牴觸「商業置入」之法。

這個法條的問題是：❶減損國民的知與知識的量，直接減損消費的動力❷風紀倫理的問題，竟然要動用公權力懲罰。這是傳承過去威權時代的「新聞局取締風紀和思想」的「大政府」的作為，和目前台灣正努力邁向的公民社會是背道而馳。

二、國民有閱聽力不比政府笨耶！ 我們要更多資訊

國民有閱聽力，不比政府笨耶！

演藝界人人小心翼翼不能說溜嘴商品名、商店名；節目製作要懂慎思劃分資訊和宣傳的界線。比方，書算是商品還是知識？那就乾脆統統一律不提最保險。國民因而損失了資訊量，就減損市場動力。

文字獄的法威瀰漫媒體界。變本加厲是二〇一六年更頒布「不准名嘴、名模作健美相關代言」。請問是多有名才叫「名嘴」？這是典型的「新聞局威權 DNA」。在過去新聞局取締「暴露」，而暴露的定義是？乳溝露幾公分才算暴露？

法理不明確只是製造國民畏懼，彰顯「大政府的權力」。

社會上的資訊流動量少，國民不方便，也減損消費動力，這條法到底是對誰有好處？筆者採訪了 NCC，委員表示是為了：❶保護消費者受不實的廣告資訊之害❷只報導一家（宣傳）對其他業者不公平。

與其說謝謝政府的「關心」，依台灣國民的知性實在不需像「新聞局」的時代被管教了。需要被管教的是吃稅金而無能替國民檢驗把關商品的政府、衛福部等部門。

請看這個實例，**頂新食品從來不涉及「商業置入節目」，不是堂堂買下廣告時段，堂堂賣了地溝油數十年？問題是出在政府失職沒**

有在源頭把關。不是藝人代不代言或是國民比政府笨，沒有閱聽力的問題。

「媒體閱聽力（Media Literacy）」是數十年從加拿大發起的意識運動，呼籲不要被電視掌控了思想。不過比這運動更有效的是近年來SNS的崛起，網路犯罪事件充斥。不只是台灣，全世界辨識欺騙或是正軌資訊的閱聽能力都進步了。

沒有進步的是政府的把關能力和心態，仍自許在「管教國民」的制高點，沒有「服務」的心態，仍用粗糙的軍紀管制資訊就是政府心態仍沒有以民為主，只要「管」而不是「服務」國民。

服務國民就是考慮國民所需為主。國民需要的是貼切生活的具體資訊：商品名、特色是什麼、多少錢、去那裡買、那家比較便宜、今週那家店有促銷等等，資訊要以民需為主，就一個號令不用思考就統統抓起來，是政府因噎廢食在偷懶。

資訊萎縮，消費就萎縮。

另一個NCC表示「為國民好」的原因是，「只報導一家，對其他業者會不公平」。

NCC啊，會不會受報導，這才是應由市場機制決定。

節目中獲得報導的商品和店家必都是有資訊價值的。

資訊和廣告不同的是，廣告是個人的感覺推銷；資訊則是有客觀分析，比如具有特殊性、劃期性、實用性、即時性等的話題性事實。店家努力創出物美價廉或新穎的傑作會獲得報導，就是因為有資訊價值。而貨不真價不實的黑心和佛心商品都統統不准報，只求表面的「公平」是膚淺的共產主義的均貧。

努力就會贏得社會的注意，好壞的褒貶就是市場機制，是鼓勵前進的動力。

NCC 應該說：「信任政府檢驗，放心代言」吧？

二〇一六年頒布「不許名模、名嘴作健美相關的廣告」，請國民不要認為這只是藝人們的事和國民無關，不，這是政府在打臉政府，NCC 言下之意是：政府核准上市的東西不要信任。

衛福部有公權力，有最新科學儀器而卻無法作商品把關，NCC 限制有影響力的人代言就可以掩飾政府、衛福部的過失？

日本政府的另一個把關商品的機構是有公權力的消費廳，隸屬總務省。廣告、標示和實際商品有誤、誇大廣告，不符事實、退貨權利等。消費廳有公權力懲處，或吊銷營業執照。公權力應該是賦予替國民把關，對付不實業者的消費基金會，而不是 NCC 拿去對付藝人用的。

並且，NCC 的這個條令更觸動民心對政府把關的不信任，還會放心讓政府檢驗核安食品？

三、消費者、電視台、企業、經濟四贏的作法

依筆者和台灣媒體的工作經驗是，人人聞「宣傳嫌疑」色變。這法條也造成一些社會不公平現象，令筆者錯愕的幾個親身例子：電視公司要製作幾集我的禮儀專輯，筆者請老爺酒店合作。酒店提供了一間套房可使用整天，也提供日餐、西餐、中餐、飲料和人力贊助。白吃、白用不是應該的吧，在日本電視一定會提供對等的回報，打出飯店名，介紹一下飯店的特色等，但是台灣一切嚴禁，因牴觸「宣傳置入節目」。結果是電視公司沒有負擔任何製作費用，一切由店家莫名其妙的擔當，從頭到尾不知是老爺酒店幫忙才得以製作禮儀知識給觀眾。但是商業電台這節目有廣告收入啊。又一例，筆者的幾篇書摘如「學行家吃壽司」在網路上至今有二十三萬多點閱率，這代表廣告收益效果，但是媒體表示不能提這是「書摘自陳弘美」。媒體有廣告效益但因此法沒有對等的回報。

資訊在自由經濟中是如同血液流通的養分，資訊不自由，經濟成長的養分也不足。

Tie-up 四贏的作法

「Tie-up」是世界普遍的作法，國民、媒體、企業、經濟四者受益。

節目中凡是提供商品，或提供資訊的企業或是個人，媒體要給予對等的宣傳作爲回報。Tie-up是一個正當的報酬，減輕製作成本，媒體可因而增加節目製作量，宣傳內容也是國民需要的資訊。

筆者在富士電視公司國際部時的一個特別節目，每年在維也納舉行的 Debutante 舞會，男女成人第一次踏入社交的傳統儀式。這節目需要大批工作人員以及四位日本女星赴奧地利，光是飛機票，就要數百萬圓。當時 ANA 全日空剛開設東京直飛維也納航線，於是請 ANA 贊助全部機票，電視公司對 ANA 的回報是飛機起飛時機身 logo 要出現 X 秒，介紹艙內服務，也介紹維也納的景點，刺激旅遊動機。

當然，若是有關巴黎的節目就可能找巴黎航線的日本航空 Tie-up，業界的機會均等。

現在「007 電影」更擺明就是在作宣傳，劇中「請給我×牌的酒」；「我一向開×牌跑車」；或是×牌名錶的特寫鏡頭，但是相信觀眾都會識別了，「那是在籌製作費」。

資訊是為服務國民方便

生活的資訊要實用，貼切、立刻可以派上場，這是媒體的社會任務。來看看日本的資訊服務國民到什麼程度，讀者看了有反感嗎？

●今天日本的電視介紹「看的甜點」，意思是以觀賞為要，在形狀、外形特別下工夫，有小提琴形、小房屋、東京天空樹……等等，螢幕上不但每一家店名、住址、電話號碼、各個價錢、要幾天前預約等字幕。太好了，正在愁好友的生日派對要帶什麼去。

●暑假期間今天要作什麼……，看到電視上某水族館今天有企鵝表演，媽媽本想帶小孩子去，但是一看到字幕上的入場價好貴就打消念頭了，改去免費的某私人畫展。

●二〇一七年二月牙周病者的大郎報～，科研製藥公司開發出世界首創的藥液可以使牙周病的齒槽骨細胞芽組織重生。其商品名叫「Regroth リグロス」治療時間約一‧五小時，費用約二萬日元。

以上例的具體店家名、公司名、商品名不都是國民確切需要的嗎？

另外，日本的電視節目，除了新聞節目之外，幾乎每一個節目都有大、小 tie-up 才能成立。昨晚的一個節目為例，一位開發了特殊甜點而成巨富的女性公開她十億的豪宅內部，一切家財都搬出來秀。這種深入富翁家裡的節目收視率都很高。電視對她的回饋是介紹她開創的甜點，藝人試吃也連說：「哇，好吃到爆。」

有劃期性、話題性的新產品，商品名、廠牌、價錢，怎麼用、什麼效果，不但介紹得清清楚楚，在現場棚內的藝人也實際使用說出感想。這些在台灣都是 NCC 要罰到爆的。

資訊直接刺激消費。觀眾、電視台、企業、經濟皆四贏。台灣的經濟是好到怕被刺激？

在自由競爭的經濟，商品會受到報導是其商品的一個成績單，也是對努力開發的一個鼓勵。

四、觀眾、電視台、企業、經濟四贏的宣傳

男星介紹最新家庭電器

不要說是讀者半年去一次日本就發現電器行又都是新款，幾乎每一個月都有革新家電。隔一陣子沒去，就跟不上時代了。只會暈頭轉向，不知從何選起。

有幾名藝人、男演員自豪為「家電導航專家」，在雜聞秀的「逛家電行」的專欄由藝人上家電行介紹他個人最近矚目愛用的新產品。是很受歡迎的專欄，因為若你一年沒去家電行，大概已經成劉姥姥了，根本不知道那個最新？如何新？貴不貴？怎麼用？並且最大的好處是，量販店面很廣，不用自己的腳去繞每一個角落，只坐在家裡沙發就可以「逛」全店，並有店家隨行說明。

今天來到山田電器，要請店家協力當然鏡頭仔細的秀出「山田電器」的看板，並附上旁白「這裡有三十萬個家電」。帶頭導航的除了藝人，有三位主婦代表一般人的心理和價值觀，手上拿兩張牌，買，不買。

細川是獨身，喜歡下廚，首先來到最新型電鍋區。日本人和其他亞洲米食國家很不同的是，一餐飯裡，米飯和菜餚一樣是主角。不，甚至不少人比菜餚更注重飯質。只要飯質佳，光配個醃菜也滿足。筆者著《餐桌禮儀・日式、中式篇》中的壽司篇，說明「壽司的醋飯不是配角，和魚肉一樣各是男、女主角」。「飯質」是一餐飯的最基本平台。飯質的優劣與其在其品種，關鍵在於煮法，這就是日本的電鍋是日新月異到讓你眼花撩亂，又是紅外線，又是

碳製鍋，各廠牌必有這條黃金強打者。二〇一七年最新型電鍋是Panasonic，日本各地四十五種不同的米，不同煮法。原理是各種米的米粒大小、糖度、硬軟度不同，電腦細算其煮法。

　　細川來到 Sharp 夏普系列前，這新型電鍋會洗米！不僅如此，一邊煮一邊在內部混轉米粒。煮出來的飯比一般 Q 又甜。

百聞不如一看電視

　　❶ 電鍋內部的動態用電視說明最清楚。其混轉的原理是從企鵝的翅膀撥水得到的靈感。開發人從蓋子頂延伸出兩個翅膀，如此撥動邊煮邊混轉米粒，不會傷到米粒，並且使內部每一顆米受的溫度和壓力均等。

　　三位主婦試吃和其他廠牌煮出來的飯大大不同，主婦都舉起買的牌子。但是價錢是九萬圓，所以不買了。比方筆者是不會買的，但是對電鍋的進化學到了很有趣的一課：原來不少高科技的原理的靈感是來自於自然界。

　　❷ 接下來是冰箱，他推薦的不是某個商品而是特定的構造。冰箱原本就是各個設計構造皆不同，再加上 311 後全日本盛行省電。冰箱是繼冷氣之後最耗電的家電，又是一大隊的革新冰箱上市。細川只介紹兩個重點：1. 製冰塊箱要在中間。不在最下層，原因：水管是從上往下，所以到了最遠的最下層容易髒。2. chill（半凍）的機能要時間愈短愈不容易氧化，才能保持鮮度。比較兩塊肉在一分鐘內凍結的速度，立刻分曉。這都是下次換新冰箱的重要知識。

　　❸ 可以「熨斗燙平」的洗衣機，不必老婆，也省了洗衣店費。
會燙平衣服的洗衣機是什麼原理？

用風力。全自動洗衣機內洗完的衣服，在裡面產生時速三百公里的強風。衣服的縐紋完全吹直。

吹平和一般燙平的結果比較起來，和材質也有關係，差不多啦。價格秀出是十四萬圓，其中二位主婦仍舉「超買」牌子。因為在日本燙老公上班的襯衫是主婦花最多時間的家事，因為洗衣店費開銷太大。價錢供你計算，你每月的洗衣店費值不值得買它？用幾年才還本，計算清楚再出門。

❹ 藝人注重保養，細川大力推薦的是夏普牌的低速果汁機。一般的果汁機是一分鐘轉一千五百次，這低速是一分鐘三十二次，不會分離也不會氧化。和一般果汁機的果汁比起來，一看顏色較深，喝起來也完全不同的濃度。

❺ 家庭烘麵包機不稀奇，一般烘烤要三個鐘頭，這 Panasonic 的壯舉是一下子縮短到五十四分鐘。烘出來的結果看起來完全不遜色，筆者是不會去買的，但是知道了這是世界的新的里程碑。

❻ 我們真要開始改變一個觀念了。家電過去是一個一個獨立的，現在是逐漸邁向「系統」了。這一點反而是坐在家裡靜看電視才能得到的感受。(在鬧哄哄的賣場，絕對沒有餘裕去想這個哲學)。一個新系列的家電稱「Smart 家電」，用智慧型電話作遙控。從冷暖氣、洗衣機、電鍋、微波蒸烤器，……等目前有八種。這說不定十年後會成為理所當然的生活。

「節目中是否有在宣傳某家電的嫌疑？」NCC 啊，這問題重要嗎？

從電家革新的傾向可以看出時代的潮流，才是重要的信息。

❼ 「美容家電」是近年新興的小型家電，也沒有女性、男

性市場之分了。會產生 40℃的水蒸氣，這是他每晚睡覺前愛用的 Panasonic 眼部美容器。只要放在雙眼上，並振動按摩眼部四周肌肉，第二天不怕黑眼圈或水腫。價格一萬八千圓。筆者長時間寫作眼睛累，就想去買了。而電視又傳來，這個新產品才上市不到一個月已經缺貨了。看了這消息立刻起身，我不想白跑一趟就先打電話問，果眞第三家才有現貨，所以我並不是去電視上介紹的山田電器行買的。這個實例是在強調，生活方面的資訊具體又實在是誰獲益？雖然電視上介紹山田電器，但是受消費刺激的是整個社會。

這就是生活資訊的標準例子，以一般消費者、家庭主婦的立場眼光說明原理，比較他廠牌，那裡革新，和價格。二○一七年家電的傾向是朝 AI 人工智能化。比方二○一七年家電的傾向是朝 AI 人工智能化。laundroid 是會摺衣服的洗衣機。電視秀出洗衣機內伸出機器手摺疊，也會分是誰的衣服……。這是資訊？是作宣傳？不重要！對觀眾來說都是實在、實用的資訊，又具科技知識最重要，永不嫌多。

翁倩玉的宣傳

許久沒露面的藝人突然上電視，大多理由都一樣。

翁倩玉出現在早晨節目當特別來賓。

她年逾六十仍光艷四射，她穿了一件半身旗袍，布上的繪圖是她自己刻的木版畫印上去的。在主持人的讚詞下，她轉了一圈，解說這衣服的製作過程，最後加了一句話：「有在販賣哦」。

將近四十分鐘的聊天內容是從她的童星時代、父、母親，如何

教育等的私事開始，到她的破記錄一天賣幾十萬張唱片的金曲。

她在日本也是以木版畫家聞名，幾張照片是她專心在雕刻木板，她解說製作過程。其中一張是她最新大作，一百號叫鳳凰迎祥，是在京都平等院素描下來的。她拿了幾幅小型木版畫作品來攝影棚內介紹。

不說也知道她今天是來宣傳正展開的全國巡迴畫展，她很俏皮的在鏡頭前故意問她的經紀人：「今天畫展在那兒開啊？」

更多宣傳是，她有一個「翁倩玉 Judy Ong 資料館」在伊豆半島，展示她的舞台衣、照片，和她的藝術品。電視上介紹館內的陳列，也一定會在畫面的一角顯示「入場費八百元」。

她的個人資料館的介紹（宣傳）之後，她展現廚藝——台灣菜比目魚白菜（她用台語發音介紹），這道菜是她在棚內親自在現場邊作邊詳說作法。大家沒吃過這道台灣的家常菜，主持人等吃得嘖嘖叫讚。節目到了尾聲，才是她今天上節目的最主要目的：她將在下個月發售新 CD。

這張 CD 是將一九六〇至七〇年代各個不同歌手的暢銷金曲改由她唱、所編成的。

一九七〇年代也是筆者剛剛開始聽日本歌的時候，電視播放著幾首歌，好懷念……。

其實，這種封面金曲集的發行目前在日本也常有，不過她的解說耐人尋味：「我親自唱了才知道，會成為一首暢銷曲，歌和歌手本身都有非常強烈的個性。如何將這強烈個性融入翁倩玉的世界，真的是費了一番工夫。」

讀者數一數，從頭到尾有幾個宣傳？有反感嗎？

　　沒有，不是因為她是台灣人的緣故。她上節目的目的是不是光為宣傳，對觀眾來說她的動機不重要，有沒有從中獲得什麼才是觀眾在乎的。比方說有人光看她的美貌就舒服了，才不在乎內容；有人因而了解木版畫、台灣菜；筆者對她的旗袍覺得有點××，但是會去買那張 CD。

　　觀眾不反感，因為自己有資訊取、捨的判斷能力。

觀眾、電視台、企業、經濟四贏的宣傳

　　日本在七○年代田中角榮大力推展電視事業，因為電視是刺激消費的經濟動力。而台灣 NCC 在開倒車，對媒體商業資訊的壓抑是怕經濟太好？

　　日本在311之後各行業受到負面的連鎖性波及，經濟極不景氣，東西賣不出去。這一篇是國民、媒體、企業、經濟四者因媒體的宣傳資訊而直接獲益的最佳例子。

　　各企業挖空心思如何刺激消費慾望，這三個日本首屈一指的大企業：味之素、Toyota、Docomo 手機，推出了新的營業企畫——開設教室。

　　❶ 味之素，開設料理教室：一次二・五小時，一人只收材料費五百圓（一般料理教室一次四至五千圓），並且老師都是邀請有知名度的料理專家。課堂內容是從基本教起，如菜刀的正確拿法；洋蔥細切的要領；接下來是西洋調味料和日本調味料如何混用。今天實際作了日本的家常菜：高麗菜肉捲（典型的西洋和風菜）。

　　記者首先訪問味之素的營業企劃：開設這不賺錢的教室，味之素有什麼獲益？

　　營業企劃說：「課堂上用的調味料都是本社的，也是一種推銷。並不會因爲這課堂而突然大賣，不過這也不是目的。主要的目的是直接和消費者接觸，本社也可以直接從消費者得到新製品的創意，對彼此都是個刺激。」

　　課堂結束後還送每人一堆味之素的產品。

❷ Toyota 開設駕駛班：

　　駕駛班是由前賽車選手（而且都是帥哥）親自教學，一人一小時三百圓。日文叫 paper driver，有駕照但是不開車的人，久而久之就更不想開，也不敢開。這個教室是專對想回憶起駕駛技術的人，（一般這種課堂在駕駛訓練班是一次二、三萬）。

　　教學是一對一，今天示範的是一名主婦練習「倒車入庫」和「直排停車」和 S 形窄路。

　　記者採訪了 Toyota 的營業企劃：開班(一定是賠錢)獲益是什麼？

　　企劃表示：日本人近十年來的傾向是不開車不買車。若是更多人對開車技術有了信心，懂了樂趣，並且更安全開車會刺激購車意欲。

❸ 日本最大行動電話公司 Docomo 開設對中、老年人的智慧型電話用法班：零學費。一次三小時。二人一位老師，細心教。不必帶電話去，可以借用。

　　營業企劃表示：刺激中、老年人使用智慧型電話爲目的。

　　其他還有像龜甲萬開設「食文化講座」一人一千圓、Yuwasaya 開設刺繡班，免費，等等，在電視介紹後都是令人立刻想打電話報名的……。

這些例子是明顯的消費者、企業、電視台、經濟的四贏。

日光的「祕密」一日遊

311 之後，不要說距離福島一、兩百公里外的觀光區日光受到打擊，連三百公里遠的箱根的旅館因而倒閉的就有四十多家。這稱為「風評之害」因流言或是心理上的抗拒。

讀者們赴日旅行必去的觀光點──日光，在 311 之後，從原本一年一千一百三十七萬個觀客光減少了三百萬。一位旅館的女將表示，災後客人是零，苦撐了好長一段時間，遣散了大半員工。當地的土產店也幾乎要倒閉。但是日光就是靠觀光為唯一的收入資源，必須要爬起來。

人在危機時才能擠出智慧。當地人絞盡腦汁要誘致觀光客，推出了前所未有的「創意觀光計畫」，而且這是只有當地人才辦得到的。

電視播放這一段正逢日本的秋天紅葉季節，也是日本觀光旺季。今年因為夏天酷熱，一到秋天突然驟冷，這是紅葉美麗的條件。這個訊息也來得即時，很幸運看到這一集，因為法國的朋友下週要來日本，但是他已經來過六次，日本走透透，正愁著不知上那兒。這當地人舉辦的一日遊的特典是可以帶他去的祕密的地方。

日光一般的景點是：中禪寺湖、東照宮、華嚴瀑布，而在地的「（祕密）一日遊」是搭乘小巴士，由在地人當導遊去只有在地人知道的祕密紅葉景點。以及去華嚴瀑布的路向來是堵死車的路，只有當地人知道祕密小路不會塞車。這一日遊是四小時，一人二千九百圓（一般去這些景點，若搭計程車要 3 ～ 3 萬圓），出發前一天晚上九點前預約即可，當然電視清楚顯示電話號碼。

　　另外一個當地人企畫的「祕密一日遊」是，特准進入四百年來從沒對外開放過的禁區。一個是東照宮內的「將軍著座之位」。這是四百年前德川將軍蓋東照宮，他私人拜佛的位置，也是歷史重要史蹟，從不開放給觀光客。但是為了破除日光的危機，當地旅館的女將會的會長積極得交涉企劃成功。這一團是一人三千九百圓，附中餐，也可在將軍的位置參拜過過乾癮。（一般全程附中餐約八千九百圓）並且有紀念贈品。另一個也是兩百年來首次開放「五重塔」，允許觀光了。入塔費三百圓。

　　不是有宣傳「嫌疑」，從頭到尾就是實實在在的在宣傳，獲益的是誰？

　　片中那位女將會會長說了一句話：「經過那個震災的危機，我們才開始有心思考觀光客真正想要什麼。日光因為是日本最有人氣的一個觀光區，不怕沒觀光客，所以從來不必放下身段去思考要如何配合觀光客。」這句話使我想聯想到前章的「台灣的電視從未建立起以民為主的心態」，只要一轉心態，站在國民真正需要什麼資訊的立場上著想的話，題材是源源不盡。

　　是宣傳還是資訊？需要動用到公權力劃分？我們一起來思考這個問題，政府倒底是以誰的立場？

五、邁向公民社會──分解大政府 NCC 權力

權和利過大過香，文化被捲入政治鬥爭

對於廣告促銷要和節目分開「商業置入」的觸法問題 NCC 委員表示自二○一二年有寬緩，「商名品等專有名詞或鏡頭若很自然的溶入節目裡沒有關係」。但是也表示，「有放寬，不過，媒體還是和過去一樣很自限」。

是的，因為所謂「寬緩」，只是使紅線變的模糊，反而更看不到地下下的地雷所在，但是知道它存在。觀眾曾有看到更詳細的資訊？因為沒有媒體要以身試法，試踩地雷。

不是寬緩，而是公權力必須退出。

看不出這法條倒底是為國民的福利？只看似 NCC 只管好管的，並沒有原則理念。因為表面不准商業置入節目，但是幾位電視製作人朋友透露，有政黨直接或間接提供節目資金，也就是，不是什麼置不置入，電視節目本身就是一個「政治商品」。這個背景造成一些節目中的言論偏激不實，失去電波公器應有的中立立場，而 NCC 不講話。

又比方，在國內播放的外國節目中根本明顯作宣傳的「商業置入」也完全不碰。

NCC 所限制的資訊都是方便市井小民的生活和遊樂的店名、商品名等等專有名詞，小確幸的資訊。

限制愈多，NCC 要處理的事就愈輕鬆，這個因噎廢食的懶惰造成國民、電台、企業、經濟全輸。

「商業置入」是個恐龍法條，源於台灣威權時代。動員勘亂時期電視節目必須全力忠於擔任政府洗腦工具的任務，容不得商業置入，所以必須劃分廣告、節目而定下的廣電法。

戒嚴令解除後新聞局拆分為文化部和 NCC。而 NCC 仍秉承新聞局的「管教國民」的 DNA，和「對文化動武」的習性。

仍以粗糙的軍紀在管電視文化。

但是，想當年新聞局是影片中青天白日國旗飄左邊都要逮捕，因為左邊代表中共；而當年忠於執行禁說台語，連歌仔戲也要用中文唱的新聞局局長宋楚瑜，今天是和習志平在 APEC 寒暄了幾秒鐘，不，幾分鐘都和媒體爭的臉紅脖子粗；有幸坐在習志平斜對面，習志平瞥了他幾眼都興奮的向總統報告這個「功績」……。已經滄海桑田了，而此法依在。

為什麼改朝換代政黨輪替 N 次，此法依在？

只要掌了權，就希望權力集中一把抓，成為「大政府」(big government)，即使自稱是「民主進步」。

掌握媒體就方便操縱民意，這是政黨的常識。坐鎮媒體的硬體到軟體的 NCC 愈多法條在手裡，要想「制裁」某對象時的法源就更多。也就是藍綠政治鬥爭又犧牲了國民權益的一例。

NCC 雖稱獨立機構，事實上由行政院管轄，NCC 的管轄範圍是從電信、通訊傳播，從手機到電波頻道；從國家基礎建設工程到藝人講髒話都得管。

法國 CSA、美國 FCC 雖然也有莫大的權力，但是都有民主分權的制度為背景。比如美國各州州法強足以和中央制衡，台灣則是中央集權。權和利愈大愈集中就愈香，更誘惑藍綠之間、黨內派系之

間，將文化變成權力鬥爭的戰場。乃至今天文化永遠得不到細緻的感性的政策扶持。

公民自主風紀問題，分解 NCC 過大過香的權力

今天藍、綠間，執政黨內部爭權奪利所謂「吃相難看」，其實國民也有責任→沒有去爭取應屬於國民的權利，導致政府權利愈養愈大愈香，鬥爭就愈激烈。並造成今天雖然稱台灣是民主國，但是其實是執政黨幾乎可以將台灣私有化的「政黨獨裁」體制。相反的是公民自主的小政府國家，如北歐國家是典型的公民社會，掌握政權（不是像台灣），政黨就發財。小政府才會有眞正服務國民的公僕意識。

我很感謝 NCC 委員表示：「最終是希望國民自覺自己是媒體的主人。理想是：第一線是媒體本身自律，第二線是公民 NGO 組織監督，政府則退到第三線」。

在日本，電視的風紀倫理是由民間社團法人 BPO 放送倫理協會主導。對人權、倫理和青少年議題各有委員會。資金來自各電視公司，委員是文化、教育、法曹、記者、醫師等各種背景。觀眾抗議或是委員查審有問題時，作深入調查。調查結果開記者會以輿論的力量鼓勵和譴責。媒體若受 BPO 譴責是非常不名譽，極損社會信任形象。

日本因為經驗過在戰前媒體被軍國主義作為統制思想的手段，戰後，媒體界對悍衛言論自由很敏感。早在五〇年代就成立「電影倫理協會」提倡自己先自律以防政府介入言論。

NCC 公權力應使用在整頓大環境：一國國安的文化自衛。鼓勵國內自製節目和黃金時間的播送比例。整肅讓電視新聞不淪為以分秒要衝收視率兌現金，以及弱化電視台立場的「事後評估付費」的廣告機制。並敦促政府加強取締不實商品的把關。

媒體的風紀倫理問題應該由公民團體，由社會輿論力量制裁。對文化動用公權力，動武不是文明國家。

政府一手壓著國民的頭，又要國民成長是很矛盾。

台灣目前的輿論制裁力量並不強，原因是：❶ 長年的大政府什麼都管，加上學校不啓發思考力只著重服從的教育背景，國民不自主思考❷媒體的智能性報導不足、國民的資訊不足❸鄉愿。請不要美化「鄉愿」為「寬容」，不關自己利害就不關心是自私。

公民自主的社會才會重視是非倫理觀念，形成輿論的力量。人人愈有是非觀念，社會大眾輿論制裁愈嚴。國民的回報就是活在更安定、有紀律的社會裡。種瓜得瓜的法則。

羞恥心的制裁勝過公權力。

比如翁啓惠有沒有利用受人尊敬的地位作內線交易吃稅金又坑殺股民？沒觸法，誰怕誰。又如靠爸族的議員酒駕，賭博不辭職依然在吃國民稅金。公權力拿他們沒辦法，但是必須受社會輿論制裁。

筆者確信台灣國民的良知必會日趨形成強大的輿論力量是從排隊的習慣看到的。二、三十年前社會沒此習慣，也沒法條懲罰，而現在若有人插隊，會被全部人的眼光「你是野蠻人？」制裁到無地自容。

社會的倫理標準是靠國民自我形成的，不是靠公權力強制。

第七章
國民懂透透，社會就會變
→ 當第四權覺醒時

一、社會知與不知，
比較柯 P 和小池東京知事的命運

改革就是和根深蒂固的舊勢力對峙。只為謀權、為利慾的政治家明哲保身絕不會碰改革。改革者一定是沒有政黨的利害瓜葛才敢作，但是也一定易陷入四面楚歌，只能靠國民作後盾。但是國民不知道你在改革什麼，如何作後盾？

這是美國開發出的一種新民調——「諮議性民調」（Deliberative Poll），任意抽選出國民先作意見調查，之後再由複數專家從不同的角度說明知識，討論後再作一次意見調查，比較前後之別。

日本首次依此方法作為國策決定的是在核災之後，抽選二百八十五人調查對核電走向的看法。第一次調查作完後，由擁、反核不同立場的專家、學者和工商、經濟界、環境、社會專家一起上課並討論。內容都在 Youtube 上，顯示不偏不倚的中立性。二百八十五人增加了知識之後，兩次調查結果是，❶ 贊成零核電的人，從第一次 32.6％，增為 46.7％，❷ 贊成 15％核電依存率的人，從 16.8％，減為 15.4％，❸ 贊成 20 ～ 25％核電依存率的人，仍是 13％不變。（也有人無法決定）。這是知與不知前後的差異。

國民理不理解政策對政治家的評價是個分水嶺。

台灣終於出現一位不為黨利黨略、不為私欲為市民作改革的政治家，而柯 P 市長支持率直直落的轉捩點在「大巨蛋要拆又不拆」。筆者作了私人「民調」，幾乎每一位台北的朋友都和筆者一樣認為柯市長對大巨蛋的問題是「反覆無常，浪費時間。最後市府還是輸給了既得利益者遠雄而續建」。

　　而同樣和舊勢力對抗改革的東京都知事小池，當選後立刻開刀檢視已經完成的豊洲新魚市場和一直由政府主導的東京奧運不透明的三兆日元巨帳。改革當然不順遂，也有失敗，但是支持率反而日日升高，甚至她要成立新黨了……。

　　筆者直接詢問台北市政府高層人士大巨蛋的一切原委，才知道完全不是我和街坊上認知的事實，不是市政府輸給遠雄，反而是使遠雄依法行事。

　　市府方面表示：遠雄之前施工有 70～80％不符設計圖，因此遭到法院敕令停工。而且遠雄之前拒絕接受安全審查的三階段，最後是答應全部就範，市府才批准續建。若要拆蛋，在法律上是贏不過遠雄要求的三百多億賠償。也就是雖然續建大巨蛋的結論是一樣的，但是此大巨蛋非彼危建的大巨蛋。

　　明明是替台北市民打拚到的一個安全成果，為什麼社會的認知（包括我在內）是負面的？市府表示，「是過程太曲折迂迴，時間拖太久了吧……」。

　　但是，同樣和舊勢力格鬥的過程曲折迂迴，卻能得到支持的小池是為什麼？

　　敘述一下小池的改革的過程，讀者想想那裡是兩者的命運分水嶺？

　　小池都知事雖然目前還是自民黨，但是她違反黨紀參選，和東京都議會過半數的自民黨是敵對關係。她孤軍奮戰，唯一的後盾是二百八十萬的選票。

　　並不是大家想像的日本全國歡心鼓舞的迎接二○二○奧運，因

爲第一，日本經濟雖不是高峰，但在軌道上，不像戰後一九六四年需要奧運作爲經濟起爆。並且國民很清楚，現在幾兆的奧運建設費是肥了官政商的荷包，而往後必成爲蚊子館，而維修費都是後世要承擔。並且日本人口預計在三十年內會減三成，高齡化，財政必困。更讓國民無法信任的是奧運預算從二〇一三年原本預估是七千三百四十億之後直直增加爲二兆，又增爲三兆……。國民的稅金但無權出嘴。

小池當選知事後第一次參加奧運準備會議時立刻坐上議長席位，過去是由自民黨前首相森喜朗主導，這動作表示東京都將接管奧運的掌舵權。她沒有政黨利益的包袱，沒有企業的利益裙帶關係，她重新檢視許多籌備已久、已定的案子。國民的視力才終於進到奧運籌備的幕後→花費愈多愈好，爲蓋而蓋。當時大家對幾億、幾兆已經麻痺了。她不管這些案子籌備多久了，可以省錢的就要省，應停工的就停。

小池堅持要用現成設備，即使已經動工的大型排球場、競泳等，她不同意再花國民的稅金續建，主張將排球、競泳等競場移到有現成設備的他縣舉辦。但是也因此踏到許多紅線，因爲別的縣長還沒同意；她多次和奧運準備會長森喜朗爭議，但是最後都敗北了，還是回到原案續建有明競場。她妥協續建主張「Soft Legacy」也就是「後世可以善用的遺產」，不成爲負的遺產。

她的政敵原想以她的敗北的劣勢大舉攻擊，但是媒體的民調顯示：覺得小池反對原案是浪費時間的人佔二成，而七成以上覺得雖然回到原案，但是在過程使之前看不到的奧運預算明細透明化了。小池勇於切入銅牆鐵壁的權勢內的勇氣，也不斷的發出格鬥過程的

信息，讓市民有並肩作戰的一體感。反而大大增加小池的支持率。

小池和奧委會抗爭的過程，每天各台雜聞秀有詳細報導之外，她也經常親自上電視現場連線詳述前因後果。任何新發展都有條理的說明之前的起、承、轉、結。她的一切改革行動都和東京都民同步同在。電視節目也不是讓她宣傳而已，她在電視連線時也要接受在場的政治評論客的詢問批評。她並非一百分，但是市民看到她的動機和努力。

並且東京都每週五下午有定期的施政記者會。

每週數次在各電視台雜聞秀都會列一個小池在進行的政策的大圖表上，褒貶不一，但是很清楚她作了什麼。

同樣是對峙一個大權勢，她有電視的平台詳述己見，詳細報導她的施政內容，這是和柯市長命運的分歧嗎？

對台北市府指出大巨蛋的安全問題：體積過大、商場巨蛋共構的危險性，及逃生消防措施不足，對此，遠雄反駁市府如虛構世界末日災情要求過高，但是福島核災擴大的原因也是之前認為核災不可能發生而低設安全標準。自此日本對地震六、七級防構升為基準。

台北市政府續建大巨蛋是遠雄終於伏順市府要求的三階段安全審查，❶防火措施，❷都市設計審議，❸環評。

我直接聽了市府的說明後覺得並不是想像的難懂啊？而為什麼大家（包括我在內）不了解此大巨蛋非彼危險違法的大巨蛋呢？市府表示：「是因為時間拖久了……」也就是市民的資訊接不上片斷的報導，失去整體性的了解……。

不能安逸的歸功於小池是主播出身，又是大前研一的子弟擅於

presentation。談政策時的電視畫面是很單調，小池懂得以短短幾句話有脈絡的表達（不是空洞的口號），也就是她懂得如何結合電視的視和聽力量。柯市長既然成了公眾人物就要學習如何講公眾聽得懂的理論，方便電視報導的內容。純真的他大概心想，自己行的正、坐的端，天公知道就好，不，民眾不是天公。並且「leader in me」美國的訓練領導力的課程中「如何了解對方了解的思路」也是一個領導者必具有的能力。柯 P 市長的團隊待加強。

　　台灣電視只報導有視覺刺激的政治家的作秀玩噱頭，不報導政策的生態，對政策報導的深淺，國民的資訊足與不足，是有沒有國民當後盾，改革成功、失敗的關鍵？

　　柯 P 出現在電視的畫面都是看起來「有趣好玩」率真的言行，很少媒體輔助他詳述政策。不知道是柯市長及團隊表達能力差，還是前述，電視媒體不會作智能性，有整體性的政策說明的問題。是雞生蛋，蛋生雞，讀者認為如何？

二、被第四權拉下來的東京知事

　　政治家擺爛，不觸法你就無法罷免，國民抗議是狗吠火車？沒轍嗎？

　　不，第四權讓國民的怨氣變力氣，這是一個活生生的最新例子。

　　前東京都知事舛添，揮霍公款的報導一天比一天詳細，剛開始只是被揭發他每週五下午乘公用車去他的溫泉別墅（公用車不能私用）。他在定期的記者會表示「因為家裡的浴缸太小，要去別墅的溫

泉才能伸直腳」。他的巧辯這才是序曲呢。

　　一般日本國民很少會去關心地方議會，不像台北市民關心台北
市議會，即使是對掌握一年七兆預算的東京都議會。這是首次市民
焦點對準議會。當時沒有人想到那會是結束自民黨六十年來主宰都
議會的開始。靠第四權。

　　雜聞秀全程直播東京都知事的定期記者會這是第一次，收視率
高達二位數字，因為舛添的辯解實在是太好氣、太好笑。濫用公車
之後，一個接一個被記者揭發揮霍公款。比方他上任後出差國外九
次共花二‧五億日元。比方去中國三天花一千萬；法國五天五千萬；
明細表全公開在電視面上：在中國租車三天花二百零七萬日元，翻
譯一天六十萬日元；在法國租車五天六百二十三萬。

　　和妻小過年、暑假期間用公款住溫泉旅館，卻狡辯是開會（過
年時？）；讓國民從憤怒轉成憐憫的是他連內褲、睡衣、迴轉壽司、
超市買菜、甚至他的上小學的孩子看的蠟筆小新漫畫都用公款。（去
偵察明細是記者的工作）。他的辯答是「很多媽媽反應蠟筆小新常講
髒話對教育不好，所以是我自己看的」。記者的質問一週比一週嚴
厲，舛添是東大畢業的國際關係學者，是政治評論客出身，也被逼
到沒有退路了。

　　他是說實話，還是狡辯？電視發揮了功能：額上的汗珠、對記
者諂媚的笑容、飄忽不定的雙眼，民調出來，九成以上認為他說
謊，要他辭職。

　　面對九成市民要他辭職，舛添表示不辭「要替市民服務到底」。
想起姚立明先生批過前法務部長羅瑩雪「人不要臉最大」。他很清
楚，「揮霍」只是道德問題，並不觸法，而且罷免的門檻很高，❶需

要1/3的都民的連署，❷都議會3/4贊成不信任案。至今全國無前例。

　　並且，有一天，他一反過去因被逼到牆角處劣勢而卑微的態度，突然信心滿滿變硬了。對一切記者的質問都千篇一律的，「我已請第三者公正的律師團在調查我自己了」，甚至被問到「吃迴轉壽司也是在開會嗎？」、「有在別墅附近用公款買睡衣和內褲嗎？」也一律回答：「第三者在調查中」。也就是不怕民意、不怕媒體了，擺爛。政評分析是因為自民黨上層希望他這個聽話的棋子守住東京，日後奧運也方便一把抓。

　　自此，國民的焦點開始轉向自民黨的都議員的質詢了。電視首次轉播都議會全程。觀眾盯著看是不是真如政評分析自民黨在包庇撐腰舛添。電視實況轉播的力量就是不需旁白指點，只要看實況：自民黨議員的質詢在放水，迴避重點。和自民黨聯合政權的公明黨，起先大家認為一定是和自民黨同步調，但是，出乎意料，問的是刀刀見骨，不假顏色。

　　自此，市民和媒體的憤怒焦點轉向自民黨本部，媒體逼問自民黨大老對舛添去留的看法。由於將要參議院選舉，若自民黨硬挺舛添會波及全國對自民黨的不信任……。過了兩星期，舛添突然自己辭職了。

　　這是市民關心的力量推動媒體奮戰打下來的成果。東京都民親手拉下舛添，親手推上小池新知事，自此市民和都政衍生一體感，成為「東京大改革」的後盾。

　　活生生的第四權，從你關心社會開始。

三、被第四權曝光的「暗算」

二〇一六年十二月底早上雜聞秀的頭條新聞讓忙著辦年貨的主婦們也放下雙手盯住電視，因差一點要被「暗算」了。

讀者們經常聽政府說核電最便宜，可知道一場核災的代價是多少錢？（看得到的哦，不包括被國外拒買核食的損失）日本政府經產省在二〇一三年估計是十一兆，而在二〇一六年底增加二倍為二十一兆五千日元（廢爐、除污、賠償金增倍）。誰付？

電視畫面秀出一張經產省（相當於台灣的經濟部）的內部公文，這是不對外公開的委員會「東京電力公司改革及福島核災問題委員會」，有記者拿到了公文原文上面寫著，賠償金其中由電力公司負擔的二‧一兆，電力公司和經產省暗算要把它加在電費內由國民付。並且指定讓用新電力公司的人付。

日本在二〇一六年電力自由化，民間企業可參與發電、售電業現在有三百多家新電力公司。但是，輸電設備仍掌握在舊電力公司手中，（預定二〇二〇年自由化）新電力公司必須付這個送電的過路費稱「託送費」。抬高新電力公司的託送費也就是抬高使用再生能源的用戶電費。並且內部公文上的理由是：「因為新電力的用戶比較有錢」。

一般這種經產省委員會的決議不像國會需要經過朝野議論，只要在場委員決定就可以輕易實施的政令。而此公文白紙黑字曝光在電視上，不只輿論，自民黨眾議員河野太郎也轟：「反核的用戶才用綠電，反而要他們去負擔核災賠償。而且就是為了省電費才用新電力。」公文一曝光，此案便消失無影了，沒人再提了。

這個暗算也是給台灣一個警告→成本高低是再生能源成敗的關鍵。送電設備是國民的稅金蓋的，電業自由化照理應該開放給國民新電力業公平使用，但是民進黨卻讓台電一手掌握。並且，託送費等將由「管制機構」決定。是的，問題在此，管制機構的成員是誰？是不是又像應該監督台電、原能會而球員操縱裁判？這是台灣國民、媒體今後監督的焦點。

四、被第四權擋下來的漲電費

數年前馬前總統宣佈漲電費的當時正是美國頁岩油（shale oil）大量開發，國際油價、瓦斯跌價時，全國反彈，而印象深刻的是，那時筆者剛好在台灣，電視頭條新聞從早到晚的報：「大聯盟王建民外遇，網上的照片是不是女友 Cyndi 本人。」

東京在 311 之後原先的 30％核電供量減少，需以火力等代替要漲電費。當時日本的媒體偵察了什麼，讓國民知透透後，從原先漲幅的 11.28％→8.45％？

蔡總統在選前宣佈不會漲電價，但是，台灣不是共產制度的計畫經濟，電費是隨原油瓦斯漲跌原理調價。壓低電價不漲，台電虧損是從國民的稅金間接補貼而已，羊毛出在羊身上。必要時漲電費是應該的，但是前題是有無合理性，要有根據。

日本媒體當時就深挖這個根據，要求合理的程序。靠記者的內幕偵察和市民團體的第四權力量，使漲幅從原先電力公司要求的11.28％減到 8.45％。

和台灣一樣，日本的電力公司不公開成本稱是「企業機密」，核

災之後，政府不再敢護航，國會議員和媒體的追究「電力公司每地域只有一家獨佔，沒有競爭對手，爲何需要企業機密？」（台電用國民稅金，更有義務公開一切）

筆者住日本，爲什麼一直追台灣的電力問題，首先是因爲發覺原能會、台電欺騙國民實施在福島核災時證明是失敗的種種措施。之後更深入才發現，政府不分藍、綠立委包庇護航，因爲台電實在是一個源源不斷的政、官的提款機。一年有三十億台幣的公關費，這就是即使政黨輪替，政客永遠希望台電一家壟斷。

貪污消耗了台灣太多的社會成本。依台灣國民的教育知性，為什麼一直無法享受像新加坡般先進國家的環境？而要喝鉛水、走破洞馬路；坐爛公車？不要小看台灣的馬桶無法沖衛生紙的水壓和紙質問題，生活品質永遠像開發中國家。追根究柢，是這些貪污腐蝕了國民的生活品質相關的社會基礎建設。筆者就是雞婆而已。國民自己要覺醒、爭取。

對電的權利，日本國民也是經過核災才覺醒。媒體揭發東電一年有五百億至八百億的公關費和用在政治獻金（政治家名字一一列出），和收買媒體作核電宣傳。對東京電力要求的 11.25％漲幅，首次國民不照單全收！要求徹底清查電力公司帳簿，有沒有削減浪費爲前題。

台灣的電費是說漲就漲，來看看日本是經過這些民主程序：

❶各地召開和市民對話的公聽會。電力公司社長及董事出席，直接聽取市民的意見。❷對國會（也就是對國民）提出具體的成本削減、經營改革的承諾：作人事、組織改革，加入社外監察董事；十年內要削減三・三兆成本，包括人事費一・三兆、廣告費

一兆。以及要變賣資產；提高火力燃料的效率，三年內將削減一百七十五億等等。❸政府成立一個「需、給檢證委員會」徹底對東電查帳，看有無更多成本可以削減，以確認漲幅是否合理。

電力公司要先自我改革作為交換條件才叫「合理漲電費」。

民間消費團體也群起進行調查。當時東京都副知事猪瀬也參與調查。他從早到晚在各電視台，拿著紙板一一揭發東電仍隱藏莫大的資產、土地、建物根本沒處理，漲電費是不合理的。他又指出：

❶電力公司說火力發電貴，但是偵察出電力公司購買石油、煤碳價比其他國家貴八倍；向美國買頁岩油，比美國國內貴四倍，這不是沒有努力交涉，就是收回饋貪污。❷電力公司拿了稅金一兆圓作核災賠償，卻發年中獎金。社員平均年收過去十年是五百七十萬，比一般的五百四十三萬（大學畢業者）多。雖然要減二成，但是仍高，應減三成。❸子公司、孫公司之間不透明交易、不招標等等，都需絕對透明化。

電力公司的經營成本一項一項在電視天天公佈，讓全國國民看出那裡不透明，那裡根本沒有作努力。

結果是，東電要在人事費和燃料費上作更進一步努力，而從原本要求的 11.28％漲幅壓至 8.45％。

日本漲電費的過程就是國民和媒體攜手合作的成績。

反觀台灣，如台電邱柏賢在宜蘭人文基金會眾人面前說：「那個立委不拿台電的錢？都是我親自給的」，敢偵察台電帳簿的藍、綠有誰？綠營立委陳其邁等少數有緊追，藍營是羅淑蕾單打獨鬥。印象深刻是她在電視上拿著一疊偵察出來台電根本沒有作任何經營上的

努力的證據，如向國外採購原料的價格要比其他國家貴幾倍，有收回扣的嫌疑；和子、孫公司種種不透明巨筆交易。不僅如此，台電是國營，是屬公務員，而高級主管、董事的私宅豪華奢侈的內幕，她在討論節目中一一揭發。

為了替國民爭取權利拚命搜集到的重要資訊，在日本不會讓她一個人在單打獨鬥，新聞節目也會白紙黑字一一分析詳報那一條是浪費國庫？浪費多少？是誰的責任？主管的薪水一年多少錢（公務員要公布）？那種豪華生活適當嗎？台電作了多少努力削減浪費？採購有無回扣貪污？為什麼買個螺絲釘要上百萬？台灣消費者基金會等也提出台電沒有節約浪費，自己吃垮自己就喊漲電價的證據。但是台灣新聞台並沒有助力。

貪污、腐敗有如霉菌，最怕的就是被拉到太陽下見光曝晒。貪污是全國的敵人，打擊貪污需要電視新聞每天、每台全以頭條新聞播報。報紙、電視最貼切國民生活的兩大媒體的功能是一國的佈告欄。

然而在台灣這些替國民賣命把關的聲音沒有後盾，只是狗吠火車的徒勞。記得當時電視從早到晚只在報王建民外遇照片上的女人是不是 Cyndi 本人。說台灣的電視低能，不會生氣吧！

民意對不平的政策只像狗吠火車的話，這和集權國家那兒不同？

會成為「狗吠火車」，因為「狗」不夠多，只靠幾位名嘴單打獨鬥勢單力薄，是電視沒有發揮「新聞力」的知與知識的平台，形成輿論第四權和政府制衡的結果。

並且比較一下追電費的兩位政治家的下場：

猪瀨直樹之後參選東京都知事得空前高票四百三十六萬票。
羅淑蕾連下一屆立委都沒得提名，陣亡。

並且就在國民不知什麼電業法修正案下，二〇一七年初火速通過修法，台電將轉型為控股母公司不再受〈民營公用事業監督條例〉約束，一切帳目可以不受監督，海外採購、國內工程發包可以為所欲為的貪污，可以創造無數的養肥貓公司，也更方便收買立委。行政院雖說會監督，但是，你知我知，一些政務官本身就是利益共同體，此案就是他們主導的。這些貪污全部記在國民的電費裡，並且電費漲幅多少，政府拿人手短，敢出嘴嗎？

國民從來不知道電的權力和利益是應該屬於國民。從來不知道自己擁有什麼就不知道自己失去什麼。

五、不再綠盲、藍盲——無色「公民社會」解盲

來學一句日語「黨利黨略」

醫學臨床實驗採取雙盲方法：服用安慰劑（placebo）的人會因「相信」、「期待」的心理作用產生有藥效的錯覺。

相信許多人比我更早解盲，看出「藍統、綠獨」實在是個最容易得到選票，也是最輕鬆的口號。因為這是唯一一唯一在任期內不必兌現，不會被罵的。只要和你一起憧憬合唱統獨讓你爽就行了，不必提出任何方法論（road map）。

而長年來藍綠鬥爭最大的問題在於藍盲化、綠盲化了國民→只

要是和自己統獨理念一致的政黨當選，就錯覺這個政黨一切作為都是為國家，為這塊土地好，不貪污，會治國……，不再需要監政，閉上了眼睛盲信。家父是個典型例子，對國民黨腐敗氣憤填膺，而對吳淑貞貪污只回「那又怎樣」。

一年了，我醒了，你呢？

我是因目睹「電業法修正案」，民進黨高層在野時口口聲聲要拆分台電的發、送、售三部門，將應屬國民資產的送電設備還給國民公平使用，但是一執政，不但立刻和既得利益者融為一體，並積極主導護航促使台電的權力和利益更壯大。並且、過去一直在最前面和台電抗爭的立委、一進入體制內當了官就力勸環團『不要和台電PK，因為政權會不穩』。完全不是以國民利益為本位的作法，使我開始懷疑在選舉前的「反核」只是因為核電利益被國民黨全佔光了才反核電？特別是二〇一七年的新電業法是台電和民進黨共同創造出來的一個全新的政、官、圍綁巨大利益的海埔新生地，比核電利益更持續的利益結構。再加上前述張景森表示，必須遵照台電提案的版本是因為「這樣利於工會內的民進黨選舉」。

台灣沒有這一詞，日本輿論經常監督政黨只為「黨利黨略」，就是上述的狀況。

每當想起和林義雄先生在他府上聊天時，一提到民進黨倒底是為什麼在「綠」？他就沈默。想必真正關心台灣的人都憂慮，綠獨旗子的下面其實是「黨利黨略」為主的事實。這只弱化台灣的競爭體力何談獨立？真正關心台灣的人不必選擇顏色，我們要有國家定位方向，但是不能讓遙遠的夢想綁架了眼前的現實，我們第三的選擇是成為無色的、國民主導的公民社會。

忠於顏色和忠於這塊土地是兩回事。

靠邊站，就看不到正前方國家的遠景。

無色公民社會的代名詞 → 第四權的力量在於知

造成藍綠惡鬥的實在是我們國民自己。

長年來不去爭取應屬於國民自己的權利和利益，形成了「大政府」（Big government）。國民的放任使權利變太大、利益太香。所以一執政，整個台灣幾乎成為政黨的私人財產，藍綠當然要打破頭惡鬥。

綠盲、藍盲也製造出「政黨專制」。神格化了顏色，不監督自己支持的政黨。

綠盲、藍盲助長「黨利黨略」。國家的金礦油田被自己顏色的政黨把持，不被敵方佔走就傻傻的很高興，但是國民啊，金礦油田不是那一個政黨的，是我們自己的資產。

太久太久了，台灣為了藍綠寧可犧牲自己重要的民生問題。

「政黨專制」弱化了台灣的民主：

權利過大的執政黨，只要和執政黨關係好什麼都方便。關係不好處處為難，誰敢作對？所以雖然三權分立，但是實質是執政黨一手操控。這實實在在的弱化了台灣的民主。

「黨利黨略」弱化了台灣的競爭力：

❶ 金礦油田的國營企業人事不必有能力，只安插自己的派系親信以方便貪污管道，即「吃相難看」。這也是國營企業都是赤字虧錢的原因。

❷ 全國大小官職只安插同顏色或親信，因此出了紕漏，都是裙帶關係就不偵辦護短。這是不公不義民怨的根源。

「不用人材只用奴才」自私的黨利黨略弱化了國家的體力。不肯改革也是因為黨利黨略，只要鞏固權力不肯為國民樹敵。

要改革，首先我們國民要改革自己，不再綠盲、藍盲，睜大無色的眼睛監政。強化我們制衡貪腐的第四權讓政治走正軌，我們需要知，知就是制衡的第一步。是公民社會的體力來源。電視加油啊！

第八章
觀眾的力量決定電視的力量

一、促使日本民主進步的節目
——總統、掌權人有義務常上電視說明

促使日本民主進步的電視節目 Sunday Project

依日本憲法，天皇只是象徵性存在不涉政。天皇大多只是出席重要儀式和國民握手寒暄或慰問，這是至高的榮譽。而這個天皇現象怎麼也出現在台灣？大家大概長年來習慣神格化政府首長也見怪不怪了→靠國民的選票當選的總統、首長怎麼一當選就昇華凡世，藏身在玉簾重褥後面不見人影了，只出現儀式，不管事。選前開的支票，選後托別人執行的雙首長制，乍看以為總統是虛位化了，又不是；仍施最高權力指示內政，但又不必負責任……。

重要的決策國民看不到到底是誰？基於什麼理論？他的那個理論對嗎？台灣憲法賦予總統不受國會監督成為世界上最有權利的總統，但是又有雙首長制可迴避責任，這個積壓已久的矛盾不再是有知性的台灣國民可以接受了，是造成現在的（Social frustration）社會動盪不信任政府的原因。

台灣的價值在於民主，而弱化台灣的民主是那賦予總統極端的權利集中，又不受國會制衡，實質上是「政黨專治」民主憲法的瑕疵。這容易造成總統的神格化。總統被神格化的問題是：

①**在心態上容易自戀，不上進**。比如前任馬總統很得意的解釋「鹿茸」，可以看出沉浸在官大學問大，沒人敢進言。但是，國家最高權力者的每一分知識都會左右國家的命運，除非有自覺刻刻督促自己上進，會跟不上這日新月異的時代。比方，剛通過的電業法修

案，黨團表示是總統力推的，誰都不敢反抗，而最高權力者是基於什麼知識作的抉擇？聽說總統是為了綠電發展？但是，是反效果。台灣的電力問題是出在結構上→台電壟斷綜合電廠，這個電業自由化是假的。請問總統知不知道台電將分成發、送、售電三公司，「法律上分割和實質所有權分割」的不同？

　　依新法，三家交叉持股成為控股母公司是和過去一家壟斷市場和電價完全沒變，這個「自由化」是欺騙國民。德國因而改革失敗。必須實質切割所有權的股份，才是真正活化全國經濟的自由化。總統若了解要發展綠電要從土壤改革作起的話，就不會只在土表上插個綠電的美麗的花朵，只為表面粉飾二〇二五年的非核公約？專家斷言，無根之花的綠電終究因台電掌握成本而夭折，回到台電和財團壟斷。最重要的是，台電今後成為「控股母公司」將完全擺脫監督，貪污可為所欲為。請不要再說「行政院會監督」，一些政務官不就是利益共同體？當然這方便總統的親信、黨團高層大發財，但是這全部加進國民的電費裡負擔。這些真正都是總統的本意嗎？

　　拿電業自由化為例子，這是個非常新的知識，在日本的專家都是年輕的一輩。除非總統有自明督促自己上進，日日求新，是很難依最新的知識作最適合的判斷。

　　②在資訊上易受矇蔽。神格化也就是與世隔絕，只聽信親信。不要說民間的專家學者想將最新資訊傳達給總統作參考是有如登天之難，聽說連黨團上層要謁見也不容易。總統自己清廉，但是親信清不清廉？親信在資訊上有沒有利益瓜葛而偏袒既得利益者？是在缺乏多元的資訊下作的決定？不要再玩皇帝家家酒了。

　　勞、資共憤的一例一休；擁核、反核共憤的電業修法等，總統

應該可以察覺到一國的凝聚不是靠總統權力的威嚴，或在玉簾後面「震怒」、「心痛」。雙首長制所造成不明確的責任所在，雖然總統親上火線在府內組小組，但問題是成員和既得利益方是什麼樣的關係？這是民怨的根源。對國民直訴，平衡資訊來源，電視是最佳平台。總統和所有掌權人都有義務多上電視直接和國民對話說明接受檢驗。

　　日本在一九八九至二〇一〇年有一個電視節目 Sunday Project 是以前絕無僅有的節目，從首相、大臣，任何掌權決定政策的人都上節目說明並接受記者詢問（代表國民心聲）。可以說是一個禮拜天屬於國民的另一個「國會」。

　　這個節目使國民切實感受到政治家是選出來「用」的，不是選出來「拜」的。剷除了長年來官尊民卑心態，使監政更透明、民主更進化。

　　記者出身的田原總一朗主持長達二十多年每星期天早上二小時，這也是日本政論性節目的起源。來賓是從現任首相、黨團幹事長、大臣，官僚凡是在國會的發言讓國民有疑慮之處，全都會被邀請上節目說清楚，也接受記者的質詢。受邀，但不敢上節目推託掉的政治家也會一一點名告訴觀眾。

　　這個「深層的國會」不只是政治家有機會對國民詳細解說政策，若有被誤會，這節目也是一個翻身的機會。比方有些形象不好的政治家，比方浜田幸一等在節目中率真直言的個性，讓國民看到他的另外一面，而得到高人氣。

　　這個節目的影響力是政治家不小心說出的肺腑之言，事後會成

為一個新聞焦點，因此被稱為「Sunday Project 的社會現象」。

節目的特色是主持人田原總一朗刀刀見骨、一針見血的質問，絕不讓政治家曖昧閃躲，和作不實際、甜言蜜語的公約欺騙選民。

還在記憶中的是一九九八年參議院選舉前，當時首相橋本龍太郎在節目中表示「要實施恆久的減稅」，但是要端牛肉也要真有牛，田原就追問財源那兒來等實際問題，電視畫面是橋本首相的特寫鏡頭，他吞吞吐吐，理論晃擺，雙眼又飄忽不定的神情引起全國民的不信任，當時的收視率達二位數字，之後的民調支持率立刻降落。選舉結果自民黨敗北，這場節目的影響力很大。

田原先生現在年逾八十，他開創最大的貢獻是讓國民實質感受政治家不是選出來膜拜的，政治家是要用的公僕，作不好換人。國民是頭家的心理建設。

台灣的知性水準算是很平均，國民看的很清楚，不少掌權的人只是會謀權並不是真有能力治國，也不為公益，只為黨利。而硬要製造官尊民卑是現在社會怨氣的原因。真要國民對政權服氣，唯有作決策的掌權人不要再玩古裝劇中的「威～武～」多「放下身段」實際現身電視，多對話和國民培養感情。只仗著朝大野小誰怕誰的「政黨專制」，只會加深民怨。

政治家現身電視說明政策，並接受媒體直接質詢，即使答的不好，肯誠心面對國民的姿態才是凝聚社會圓融的開始。

總統、掌權人全有義務常上電視受訪說明

從太陽花學運可以知道國民不會因為憲法的瑕疵就會縱容政黨

專制。總統雖說二〇一六年只是打樁二〇一七年開始建設，但是打下的是電業修正法、一例一休等歪樁，歪樁必倒。利用電視平台受訪說明真正的想法會和國民有一體感是挽救支持率的方法。

　　從川普的當選總統可以看出現時代的國民沒有期待總統是位「神聖的精神指導者」，只要會作事、有效率，沒能力就換下。國民不需要被訓話如「要自力自強」、「要孝順父母」，「台灣要成猛虎」等，不需 ideology 意識形態，只要具體的 methodology 方法論。所以新時代總統一定要認知這個轉變，神祕不會增加尊敬，愈有實力雄厚的理論愈樂於現身說明不怕被檢驗。

　　小泉前首相在位五年的支持率是有史以來最高從不滑落的50%，他沒有派系支持，他的後盾就是民意。他是第一位首相每天必接受記者群訪問，是他自訂的規定。不只是國是，也閒聊他對某藝人閃婚的看法，他是翁倩玉的粉絲等，每天和國民同步。台灣總統不必對國會負責不必受國會質詢，但是要執著被神格化的表面威嚴只會失去民心。

　　安倍現任首相每逢重大決策，即使自民黨現在參、眾兩院過半，他可以一人全權決定，他仍一定上每一家電視台的新聞節目直接接受記者的任何問題。電視台友人表示，首相沒有要求事先要告知問題，也不用稿，完全是自己的語言。

　　比如爭議的「集團自衛權」、「開發賭博渡假村」法案，和最近俄國總統與普丁訪日而北方領土毫無進展，國民很失望，他上了每一電台各三十分鐘詳細說明。之前不少國民不太看得起他，因為他是岸信介的孫子，覺得他當上首相是靠黨內的關係，非實力。而他不斷的上電視用自己的話闡述決定政策的原因（上電視是直接和國

民對話之意），因而對他大大的改觀，他確是實力。

不只是總統，台灣的部長、政務官，只要掌權實際決定政策的人都應現身媒體直接對國民說明。這不是憲法上的義務，這是新時代面對有智慧的國民應作的政治義務。

台灣除了總統之外，掌控政策的部長都是沒有民意基礎的人，這不是「因為台灣不是內閣制」一句話國民就會心服的。掌大權的政務官，比方操控電業法修案的張景森對環團表示，電業法必須照著台電的版本走，「是因為台電工會內有選舉，這樣才利於工會內的民進黨」，這令國民對新政府的改革舊體制的決意從根柢懷疑。轉型正義就是將原屬於國民的權益從既得利益者手中拿回來，而相反的，一執政就和既得利益者融為一體，並將國民權益作為政治鬥爭的籌碼。大言不慚講得出「黨利」大於國民，大於國家。這句話也讓我從綠盲徹底覺醒。

這句話要讓全國國民知道，會造成政權的打擊，不能有誤會。所以吃稅人有義務在電視廣場說明接受詢問。

不只是政府內的人有義務，過去在扁政府時被指責「吃相難看」→佔不到官位就安插毫無專業知識的自己人佔滿國營企業要職，「吃相難看」也是新政府得不到國民信賴的原因，是不是真如媒體報導都是沒知識的人在掌權？這也利用電視平台接受檢驗澄清的機會。也是吃稅人國營企業的義務。

掌權人不應蒙面，小小台灣國內不平等、不講理是一切民怨的原因。電視是剷平不平等、不講理，沒有階級之分的廣場。

小泉在作郵政省民營化的前無僅有的大改革時，面對龐大的既

得利益勢力的抵抗，他告訴國民，「改革必有痛楚相伴」要國民有覺悟這句話十多年了，仍在國民耳裡。國民接受了，成為他改革的後盾一起度過了改革的過渡期。

軍、公、教在一國的「士、農、工、商」中是「士」的地位，卻揚言要「18％拖垮國家」，相信是只是自私的小部份。

廢監察院、考試院也是民心所向。以及許多綠委告訴我「小英政權不怕中共只怕台電給你搞跳電」，若是真的，這也是全民要一起面對的。

國民看的出那個改革是為國家前途，那個改革是總統受親信的私利所蒙蔽。走出已經過時的玉簾，每天在電視螢光幕上誠心和國民對話五分鐘，讓國民感受同步同在，總統也有在上進，才是實在的往邁進的凝聚力。

二、記者──第四權最前線的戰士

記者職魂

　　川普總統在當選後首次的記者會罵 CNN，並拒絕記者的提問，記者死咬不放，並指責總統「You are attacking communication organization!」。政治家攻擊媒體，在民主國家很嚴重。

　　同一月，歐巴馬在離開白宮最後一次記者會上說，「感謝諸君為國民不斷的對權勢挑戰，比方也對我。我對諸君表示崇高的敬意。」

　　記者職魂，第四權最前線的戰士。

　　雖然台灣國民人人怨嘆電視新聞水準低，但是台灣享有真正的新聞自由只不過從九〇年代才開始。現在的年輕記者可以說是第一代生在一個新聞自由的社會裡。但是由於上一代處於言論壓迫的環境，不像日本在六、七十年代就有傑出受社會尊敬的記者新聞人，至今仍受悼念的如反越戰的田英夫、大宅壯一等等，他們不畏權勢為正義追究到底的記者魂哲學是後輩記者的典範。筆者非常敬佩台灣記者在短短二十多年內就建立起替國民監督政府，不懼權勢的心理建設。台灣的學校的教育仍以「服從」為主，「是非」其次，這也都是監政的新聞精神上的心理屏障。心理建設需要時間。

　　記者這一職，在不同的國度裡的社會地位是天壤之別。歐、美、日本，報紙和電視媒體記者之所以受尊敬信賴，民主化時間的長短和新聞監政品質成正比。記者的地位的高低和民主成熟度也成正比。

　　中文統稱「記者」，在日本分為三種頭銜：❶ 外來語「journalist」❷ 漢字「記者」❸ 外來語「reporter」。

　　日文的「journalist」ジャーナリスト：是日本戰後民主化後才有的職業。和漢字的「記者」不一樣的是，「記者」屬於媒體組織內，「journalist」是獨立個人，接近台灣稱的「資深媒體人」，但是台灣是把八卦記者也都統稱「資深媒體人」，筆者為區別將日本的 journalist 譯為「資深新聞人」。

　　這一職在日本是個社會信譽。替國民把關、監政，偵察看不到的死角不正、不法，追究真相、分析並提供見解。能夠成為「資深」就是有創下了實績，受到社會的肯定、尊敬，因而在社會上能夠持續活躍。比方筆者尊敬的立花隆先生，他博學廣識，從太空科學到醫療，只要他追的題目必成專家。他深入偵察種種貪污弊案，最著名的是揭發日本史最大的貪污案田中角榮貪污弊案，田中因此下台。在他鬈曲的亂髮下是一雙像赤子般清澄的雙眼。他再老練、再老道，但是無欲心清，一心只想要追究事實的人的眼睛不會濁。

　　「資深新聞人」就是輿論第四權的代言人。也就是帶頭思考（opinion leader）。洞察、分析、偵察力，引導國民的目光投向問題。電視經常邀請有實力的 journalist 當評論客作客觀的深入分析。民主成熟度愈高的國家，這種替國民把關、監政的 journalist 也愈活躍。愈勇於踏入禁區、愈受尊敬。

　　台灣電視上的評論客水準和五年前、十年前比較實在提高很多，不再像過去似乎只在發洩個人情緒，或忠於藍、綠的預設立場。由於台灣新聞低能，喪失功能，資深新聞人們偵察出的新知識是台灣目前電視唯一的知與知識的來源……。他們是「journalist」，

而全被歸類為和八卦媒體人一樣靠嘴幹活的「名嘴」，實在是不只是誤導，也對他們和權勢對峙，為正義伸張的勇氣很不敬，拜託，有別的稱法嗎？

日文的「記者」：指屬於媒體組織的社員記者。日本的電視台和五大報讀賣、每日、朝日、產經、日經的記者是一流菁英的社會地位。因為，媒體都有自家堅守的社風、社訓為報導哲學和倫理，記者都以此職魂骨氣為傲。

日文的「reporter」：它和真正英文的 reporter 不一樣，地位低於「記者」是作簡報不是專業記者。素人、藝人都可以作的輕鬆題材，如旅遊、美食、時尚。也有專作藝人消息的叫「藝能 reporter」，專挖藝人的消息。他們不稱作「記者」，這一點在日本這個區分非常清楚。

日本電視公司的記者背負的社會責任很大。電視公司錄取的競爭率是日本全部企業裡前五名。比方前述疋田先生，東京大學畢業後考進 TBS 是千人中（全是一流大學）取一人，是菁英中的菁英。薪水也是日本的前五名。月薪起薪是約二十五萬，四十歲的人年薪是一千萬元以上。大政治家、大企業家的子女也都用盡辦法入社，雖然明言不收關係，但是比如石原慎太郎長子石原伸晃大臣之前是日本電視的記者；小淵首相女兒小淵優子在 TBS 等等。

不過信譽愈高作了壞事，新聞就愈大。

比方，曾有一名 NHK 人氣主播看起來老實，而居然一天在電

車上摸了女孩子的身體，當場被逮。這種案件一般不會成為一條新聞，但是因為他是電視公司、又是 NHK 才受注目。NHK 自己也會播報這條新聞。一些不是犯罪只是道德上的問題，比方電視公司的職員外遇被老婆捉姦或是喝醉酒睡倒在人家門口……等等也會成為新聞。這是象徵社會對媒體、對記者的要求：代表正義、公正，國民的代言人的第四權的重許。

而第一次知道對記者也有另外一種待遇是筆者二十年前去中國採訪的時候。

上海是國際大都會，對於日本電視的採訪有極力配合，但是到了東北地方就不同了。首先是我一到飯店正在休息和思考要拍的程序時，副市長來電要我們一團五人到客廳集合，這樣被命令日本工作人員都莫名其妙。副市長遞給我一張紙，上面寫著明天要拍的內容！也就是說，要拍什麼內容是政府決定的！日本人丈二金剛摸不著頭腦。我是製作人，當然不理他，也立刻遞給他一張我要拍的內容，我拍我的！第二天拍外景，攝影機設定了角度要拍之前，政府人員一定會「漫不經意」得湊過來瞄一下，看鏡頭有無涉及「重要機密」。並且好氣又好笑，副市長會處處指使拍這個！拍那個！因為記者一向是政府的政令工具，那配監政？記者那有地位？沒有三權的國家的集權國家，那來第四權？

台灣過去也是如此。台灣新聞不自由的歷史比自由的歷史長，記者要建立一個 mentality 心態思維是需要一段時間去建立起來。

為什麼在民主國家記者有資格和權勢平起平坐，如歐巴馬讚譽記者勇於挑戰權勢？

日本小泉首相在位五年期間每天朝、晚必接受記者採訪（非正式記者會，是圍站著），內容從政治到一些小閒談。愈是民主進步的國家，總統不是深潛在厚重的褥幕後面，面對記者就是面對國民，看輕記者就是看輕國民。

記者不是個人，憲法賦予國民知的權力，記者的背後站的是千千萬萬的國民。

取材能力——門沒開就去打開

日本的記者大多不是新聞系出身的，是因為記者的職業技術是進了公司再學習就可以了，是要素質高的人，不一定要科班。記者最重要的是要有追究問題核心的思考能力，構思網路發不發達才是最重要，不限於什麼科系。

記者最需具備的是立刻能夠追上各行新領域的知識。比方擔當金融、政治、核電理工的記者都是靠自己作功課。

筆者多次和台灣的媒體和出版社合作，深深感到處於一國的文化的最前線，若不開拓自己不知的領域，會因自己的狹隘的視野擋住了國民吸收新知識的機會。比方筆者曾在一個媒體寫過餐桌禮儀連載，原本也想寫葡萄酒與菜餚搭配的要領，其重點是必須提到較深一點的葡萄的品種的知識，而媒體方面是位女性，她不喝酒，也覺得葡萄酒離自己的生活太遠，何談葡萄品種，所以堅持要刪。身為媒體人最重要的是求知、求新、求進、求真，不應只安於「已開的門」，而是要替國民打開新的門。

在第一章中敘述了電視記者偵察出年金被挪用到去蓋大型豪華

的保養所導致虧損累累的事實，因而收視率高漲，我問 TBS 的疋田部長，那為什麼之前記者不去調查呢？他想了半晌說：「……以前沒注意到……」

其實，偵察的大門是開的。因為任何公家機關必須公開，是憲法保障的民權。只看記者有沒有注意到問題，肯不肯去替國民敲這個門，打開這個門。

日本媒體也同樣愛挵「獨家報導」，但是獨家報導不是不小心撿到好康，是靠努力和勇氣去作深入調查取材得到的第一手情報。

我問疋田部長：「你揭發出那一個要單車牌照制的組織原來又是個肥貓組織，是如何調查出來的？」

疋田部長說：「去調查才叫記者呀！自己去深探才叫取材呀！採訪不是聽別人講，被餵，太沒自尊了吧。」

他現身說法舉那個「單車牌照制度」為例。

疋田是我一次看過日本公司正式的名片上敢「擅自」印上 Tsukinst

「單車通勤人」），這是他自創的字。「Tsukin」通勤是日文上、下班之意，他再加上英文「ist」即「者」，他是單車愛好者，也呼籲住公司近距離的人多多響應，既可以鍛練身體又環保。

在 311 當天電車全停駛，東京有五百一十五萬人回不了家的破天荒經驗，災後大家覺得不能只依賴電車為唯一交通方法，興起了前所未有的單車風潮。但是這個突來的風潮帶來社會困擾。一個是東京都心的馬路和人行道都沒有考慮到單車的空間，單車是該在車道，還是人行道上跑？另一個問題是，單車沒有明確的交通規則，不少單車闖紅燈。人闖紅燈不會被罰，那沒有馬達機器的單車呢？再加上，單車一流行，不少人也就想標新立異拆掉單車的剎車，這樣看起來比較酷，但也因此車禍不斷。

東京都因而下令要整頓。不過，整頓的方法是立法規定東京的單車都要像車輛般申請牌號才可以騎。

不少單車愛好者對這條法令很納悶，比如東京以外的其他縣市的單車也會進到東京，也會滋事，那怎麼辦？牌號制度不能抑制事故，只讓國民多花錢而已。並且這不是要動用到法令解決的，因為日本人很注重風氣，只要一提倡守規矩的風氣，大家都會不約而同得守規矩了，幹麼要勞民傷財的立法？

疋田覺得這法令有問題，必有蹊蹺，這就是記者發揮第四權手腕的時機了。我問他詳細一點是如何偵察的？走正門？旁門？後門？

他笑著說：「從正門進去找櫃台小姐：『你好，請你給我國庫米蟲的名單』大概沒人會給。但是你一步接一步，依我的經驗一定可以走入問題核心。」

他首先問東京都廳的職員給他所有都廳相關聯的組織（有義務公開）。他找到了一個叫「安全對策本部」的特殊法人，成員都是都廳外的人。他覺得頗有故事在內，又再要求名單一一調查，結果發現全是警視局退休下來的，也就是又是國庫米蟲肥貓組織。據統計東京人口七成擁有單車，約八百多萬台，制定這法條這組織就有源源不斷的資金如申請費、牌照製作費等收入…。

疋田部長在電視上報導了這個肥貓組織的實情後，再也沒有人提單車牌照了。

記者替國民把關，監政的流程的實例。

門是開的。不得不開，憲法保障要開，就等記者去開。但是由於台灣民主歷史尚短，所以國民、記者對自己手中的權利尚未有清楚的認知。

一個比方，一位台灣的電視記者約好了要採訪我，而當天她和我連絡表示要由其他同事代替她，因為：「台電願意接受採訪了！這很難得的……」，從她的語氣可以聽出大概交涉很久了，台電願意被採訪有如獲大恩？我不怪她，是出於長年來台電高層和國民宛如官尊民卑的關係。

動用到國民稅金的組織，國營企業必須公開受檢，記者們上前吧！在日本的作法是，從電視記者打電話去，要求採訪時的電話對應，就開始拍攝了。對方如何拒絕？什麼態度對應？用什麼藉口推托說主管不在？有無誠意面對採訪？在電視上播得一清二楚。吃稅人是公僕，頭家是國民。成為公民社會，首先記者和國民要認清自己「知」的權利。

三、主播的條件

主播的社會責任

中文統稱的「主播」，在日本分成兩種頭銜：外來語「announcer」和「caster」。

ANNOUNCER：是如中文稱播音員（如廣播音電台）是日本女大生最嚮往的職業。除了電視公司的高薪又有機會認識名人（許多和藝人或運動明星結婚），最主要的是，這是「才色兼備」的代名詞，是一國的「語言的典範」的榮耀職務。

電視公司每年和一般社員一樣招考。申請時就填上志願是announcer，如此審考條件就不太一樣，需外貌和音色的天生條件。

大多人以為電視公司 announcer 只要梳妝美麗坐在鏡頭前照稿唸新聞，誰都會呀？其實說真的，我之前也是這麼認為，但是常在些聚會上和新人們交談，真不愧是通過一千人錄取一名的難關的菁英，不光是外貌，她們也和一般社員一樣要通過基本考試：時事、政治、經濟、社會、雜學、作文、面試。他們有高度思考力和隨機應變的能力。因為不少節目是現場直播，有突發性的事故時，要有隨機應變的頭腦。

有人在大學時代就開始去 announcer 的訓練班，不過並沒差，這只是加強讓主考官知道你的意願堅定而已，因為新人被錄取後公司有資深前輩教導。

訓練期約三個月，訓練的內容是發音、出聲、咬字、速度、音調高低、抑揚頓挫。

「聽覺上舒不舒服」不是主觀，聲音是波長有客觀的科學黃金比例。第二章已述，根據物理學家、音響家 John Power 的理論，悅耳的發聲是胸、喉、鼻聲的融合，以及倍音的頻率。放鞭炮、嘰嘰呱呱的唸新聞就是聒噪不諧和、波長雜亂，這直接影響人腦的下視丘，就是疲勞轟炸。「悅耳」是有文法的。

Announcer 一職在社會上的角色是「日語的典範」。比如 NHK 的電視、廣播台的 announcer 就是「日本的國語老師」的代名詞。在 NHK 的晚間新聞在位最久達約十年的 announcer 森田小姐，至今還很懷念她的聲音。（現在主持的節目在台灣、亞洲等地也收看得到）她的聲音的特色是低沈，溫暖、厚重，但不呆板給人穩重、安心和信賴。

一位資深主管告訴我：「同樣只是在唸新聞稿，但是你懂不懂自己在唸的新聞內容？看得很清楚。」新聞是網羅喜、怒、哀、樂，嚴肅、輕鬆，森田隨每一個新聞的內容，她可立刻轉變聲音的表情，又不做作。不好意思，她不是所謂美女，但是能夠在那人人想要的位置坐上十年，必是有萬人共感聽了舒服的黃金法則。

CASTER：是從英語 broadcaster 而來的。這又是「日式英語」，英文是 anchorperson 新聞節目的主持人。

caster（以下稱主播）和只照稿唸的 announcer 最大的不同是 caster 有自主性。自主性雖然讓你自由發揮見解，但也曝露自己內在是否真材實料。

日本、歐美的主播的條件是和台灣非常不同：主播也是記者，有資深記者的分析能力（前述 Journalist），再加上播音員的字正腔圓

和又出口成章的說話藝術。

日本也有作家、藝人出身的主播，無論以什麼職業起家，一定都是閱歷知識豐富，有思想軸和為民監政的記者骨氣，不會因為上了電視就自認為是「明星」。

主播一職是輿論、第四權的發言人，美國 CBS 電視台的主播華特・克朗凱（Walter Leland Cronkite），被譽為「比美國總統更受尊敬的主播」，美國是世界上民主歷史最悠久的國家，主播的見解所興起的輿論有左右社會的影響力。

一個有趣的觀察是：從主播的平均水準和主播的態度可以看出一國的第四權的興衰度。

比方，目前在台灣，不少主播一職似乎只要靠關係、面貌及格就可以擔當？這句話有點重，但是客觀看看，世界上主播的基本條件：發音正確、悅耳的談吐，及深度分析新聞的能力，那一項符合呢？

這呈現出這個國家的第四權未成氣候，也就是民主主義尚待成長茁壯。這不是主播個人的問題，而是電視沒有被要求主播發揮應有的第四權機能的原故。

另一個是從主播說話的態度可以看出這個國家的政府和國民的上、下力學關係。

最易懂的例子就是我們熟悉的那位北韓愛恨分明、慷慨激昂的女播音員同志。專制國家的主播是政府的傳聲筒，語調必須有威赫

性，態度要斬釘截鐵不許質疑的高壓。看看現在中國的主播們都漂亮又摩登，但是語氣照舊是高壓、威赫。台灣也因爲電視台過去是黨、政、軍爲前身，威赫的遺風猶存，不少主播仍有高壓氣勢的語氣實在不符合時代了，而且內容又只是：巷子裡貓、狗打架，打翻了阿媽的麵線鍋……，就照你平常和男友說話，舒服的語氣報新聞吧。方念華小姐是一個好典範。

主播的條件

在民主國家主播是擔當國家第四權的大樑，他、她的條件是：

①有處理國內、國外新聞的能力。

處理是指，有 journalist 記者的能力分析、洞察，興起輿論的關注。主播要達到全方位的知識，若成名後就懶得求新求進，在螢幕上是一目瞭然，很難打混的。在筆者著書《日本 311 默示》中的「女主播的一百小時」中敘述名主播安藤優子如何在 311 大災難時作播報，不讓鬚眉的主播精神。(不是在推銷，但很希望看此書詳述實況) 她是日本電視史上在位最長的主播，三十三年沒有一天不在電視主播台上，是筆者長年好友。她的服飾品味很好，經常有觀眾打電話去電視台問是什麼牌子。她也常上時尙雜誌，是不分年齡層女性

崇拜的偶像，但是從來不自認為自己是「明星」，現在仍在大學院寫博士論文。擁有記者的專業性與知識才能夠對來賓作有深度的訪問。

②**主播報新聞分英式、美式。**英式是正正經經的報，美式是像平常平易的說。但是只有模仿到美式的表面，是東施效顰。

「平易」是在態度和語氣上，不是裝可愛用幼稚的贅字「啦、哦、耶」。並且請仔細聽聽英、美的主播說的話，寫下來是文章。

可以迅速整理條理的腦袋才當得上主播。

③**主播的立場是代表國民心聲的第四權，**一流的主播之別在於有能力點出大眾沒看到的盲點，不是靠樣子。

④**上述的三點主播要有卓越的知性之前，不管主播頭腦好壞，首先要達到這世界共通的基本→主播是言語的藝術家是學習本國母語的典範**（role model）。比如美國是多種族國家，但是只要是坐在主播台的人無論是什麼膚色、什麼州出身，都是用字字清晰的標準英文。

令人笑話的是有主播竟連ㄅㄆㄇㄈ，甚至刻意把ㄒㄧ唸成英語Ｃ的發音。輿論界最重要的不就是是非對錯觀念吧？無論是中文、台語、客語，任何一個語言就是要發音正確標準和意識形態無關。

真正需要改進達到世界水準的五點

一、主播是語言的藝術家。首先，不要聒噪。

可以理解台灣主播效仿美國的作風，但是最大的誤學是以英文的方式唸中文。

到底是誰規定主播講話要像放鞭炮，講得上氣不接下氣？或許

是受美國的新聞的報法的影響，這是一個很大的誤會。

　　為什麼中文講得快速會像潑婦罵街、聒噪刺耳、疲勞轟炸，而英文不會？不是崇洋。在第二章已述，用波長的科學分析。

　　筆者過去擔任過不少國際會議上的英文中文和英文日文的同步翻譯，英文和中文的發聲構造截然不同：

　　❶對音樂有些研究的人可以立刻理解，中文的特色有是四聲，所以說話快速，也就是在短時間內，聲音上上下下音域高低起伏變化多，波長密又亂，這會令人煩躁。比方我們聽廣東話（有八聲）好像是在吵架、好兇的原因就在此。英文則是平板的語音，講快就像流水。

　　❷中文是世界上罕有發音複雜的語言。中文的每一個字含有複數的母音和子音，每一個字應該清楚分開的獨立發音，不應連接下一個字。台語、日語亦同。但是，英文相反。英文是一個單字的尾音必需要連著下一個單字的頭音唸。比方，"did you realize it?" d 和 y 要連起來，成「ju」音，z 和 i 要連起來，成「zit」音。一個字一個字分開來唸，反而不成英語。這是聽不懂英文的最大障礙所在。（比方，日本人會問我剛才的「zit」是什麼意思？）所以，學英文連起來講中文，聽起來發音含糊、口齒不清而已。

　　❸為什麼常說法國語很羅曼蒂克是情人的語言？是因為法文的發聲吹呼氣聲多，中文相反，母、子音都一樣重，並有許多齒音，所以講話快速會像顆顆的子彈機關槍掃射。

　　二、經常覺得為什麼那麼稀薄的新聞內容，只是兩個醉漢打架要報得急、快、衝？現在才知道愈是內容薄稀才要講的快。因為在心理學上是掩飾，不讓對方思考，也就是內容經不起細嚼回味，盡

量快速過去。請聽 ABC、CBS、BBC 電台的主播的一字一字都耐聽，沒有贅字廢話。有在頭腦精撰過的言語造句才會有信心讓人細細品味。

三、平易不是邋遢，親和不是幼稚

新聞節目不要硬梆梆，盡量活潑、口語化，這是世界先進國的趨勢（除了共產國家之外），但是仍不要忘，新聞節目所背負的社會功能角色是什麼？是一國的知性的學習目標。

主播的發音、措辭和在腦內撰稿能力都是全國人的學習對象（role model）。

這一點必須要直言，不少台灣新聞主播大概是被主管要求要「平易、親和力」，但是這是靠語調、音色、表情呈現的，不是靠裝可愛的贅字，「啦、哦、耶、啊」。世界上沒有新聞節目裡會用這種連一般人在作正事時都不會用的字來報新聞。

美、英的主播說的話，寫下來是文章。起承轉結沒有多餘的廢話。因為整理清楚所以非常易解，易解才叫平易。

四、表情和新聞內容未免落差太大

「電視新聞是威權的傳聲筒」的 DNA 猶存，變的很滑稽的是新聞內容是「公雞很吵引發鄰居吵架，忠狗也參戰……」而和內容落差很大的是主播眼神犀利，語氣鏗鏘有力，表情斬釘截鐵……。

五、不必勉強連繫前、後的新聞

新聞的基本是信賴，觀眾並沒有要求新聞要像娛樂綜藝。一個新聞和下一個新聞毫無連貫性是應該的，完全不必刻意去串連，不必以為這樣比較順，其實反而非常不自然。

主播，我們第四權的代言人，很重要。加油～

四、日本電視也是從低能開始的

「一億國民是白癡」的日本電視低能的過去〉

雖然對台灣的電視被塗鴉的亂象人人怒怨，但是我樂觀並有信心，因為這些是日本走過的路。台灣社會的知性水準不亞於日本，絕對起得來。

日本電視的進化可以大致分為三個階段，和台灣一樣，也是經過二、三十年的摸索才達到今天的進化。日本的電視在五〇年前也被譏諷是「傻瓜的箱子」。

日本的電視誕生於一九五三年，始於 NHK（公營電視，不是國營）。當時一台電視要約三十萬日圓（一般月薪是一萬）。全國僅有八百六十六台。之後在同年，第一家商業電視台 NTV 開局。當時的社長正力在關東地區五十五個車站，如新橋、涉谷等附近設立了大型約二十七吋電視螢幕供大眾觀賞。當時主要的節目是職業棒球賽、摔角等大眾娛樂。

一九五六年的經濟白皮書宣佈日本已經脫離了貧困的戰後期，開始突進經濟高度成長期。一九五八至一九六一年的經濟起飛被稱為「神武景氣」，也是家庭電器化的開始，所謂家電三神器：電視、電冰箱、洗衣機。主婦們的家事開始輕鬆，電視也開始普及了。

送電波的東京鐵塔在一九五八年完工，象徵電視時代的開啟。電視爆炸性的普及是在一九五九年，現在的天皇和美智子皇后的婚禮是首次從直升機作空中實況轉播。之後一九六四年的東京奧運

會，又助長了電視的普及。

　　配合當時的高度經濟成長的大量生產期，日本的郵政省（現在總務省）也積極助長電視業的成立，因為電視資訊直接刺激消費，是重要的廣告宣傳手段，這也是國策。當時的郵政大臣田中角榮積極核准電視台成立，並且預言：「十五年後，家家一定有電視。」當時政府對電視節目的期許就是要「大眾化」、「大眾口胃」。

　　一九六〇年代的電視主要就是娛樂。當時全國上下工作勤奮，回家一開電視就是笑劇、鬧劇、歌唱節目和觀眾可以報名參加的一些運動競賽的綜藝節目。日本人原本就不是有幽默感的民族，笑、鬧劇不是丟蛋糕打在臉上；就是滑倒跌進水裡；男扮女裝的脫線戲而已。腦筋不空白的話電視看不下去的。

　　這是可以理解，因為日本在一九四五年前是軍國主義，一九四五年後在灰黯中掙扎，長期來被壓抑的欲望終於得到解放。這個正是台灣的現狀。新聞自由媒體開放不過二十年，水準還滯留在「大眾化就是要低俗」。每一個國家的起步都一樣。當時憂國憂民著名的新聞評論家大宅壯一的一句話成為名言：「電視把一億日本人白癡化了。看電視只會令人的思考能力退化。」

　　給主婦們看的第一號雜聞秀是一九六四年現在朝日電視開始的。由從 NHK 挖角過來的主播木島則夫主持。焦點對準了老公早出晚歸、寂寞在家的主婦們。這個節目成功後，富士電台也跟著開設雜聞秀，展開了雜聞秀的時代。

　　電視史的大革命是硬體機器的開發。ENG（Electronic News Gathering），是小型、輕巧、性能高的攝影器材。它首先發揮了功能

是在一九七五年昭和天皇首次訪美時，比起過去笨重的攝影機器，它方便、省力、省人，因此擴充了電視新聞採訪的範圍，無論是高山頂、小巷子，鏡頭無孔不入了。也自此新聞資訊節目時間增加，取代了無聊的鬧劇。

比方一九八五年日航撞山，機毀地點是個極陡峭的山壁，第一個趕到現場的是電視台的記者，一個人扛著攝影機爬上山，因而拍攝到了自衛隊從直升機救出了四位生存者的歷史珍貴鏡頭。

ENG機器使電視的第一階段「傻瓜的箱子」時代結束了。接下來的課題是，機器硬體是進步了，而人的知性、感性沒有進步的話會是什麼樣的報導？這正是台灣的現狀。

進入第二階段是電視的「瘋狂的時代」。

第二階段──機器進步，人沒進步

到了一九八九年，硬體又更上一次元。SNG（Satellite News Gathering）衛星轉播新聞實況，更即時、更省人、更省錢。

地面和天空的機器硬體進步，採訪範圍的拓展不限時空了，但是，人的素質有進步嗎？感性、知性貧乏，不知道該拍什麼？該作什麼題材、沒有使命感、沒有思想，人的素質跟不上硬體。這一點也是台灣現在面臨的問題，日本也確確走過這一段路。八○年代日本電視的大躍進「瘋狂的時代」犯下的種種新經驗，才讓大家開始思考電視報導的倫理的問題。

八○年代是雜聞秀的最盛期。仗著輕鬆省力的採訪機器無孔不入，各台競爭熾烈，惡性競爭自此開始。

所謂「媒體的暴力」最顯著的是：

❶為了新聞搶先報，不確認事實亂報，使電視新聞失去信用。

❷煽情、渲染、添油加醋戲劇化。

❸不顧人權。受害者或是犯人的家人在螢幕上公開實名和臉。

❹不顧倫理。漠視受害者或加害者家人的心情，用麥克風強逼人的採訪稱是「麥克風暴力」。

❺不顧隱私權。只為了好奇心，連夜連日守住焦點對象（狗仔行為），精神上的暴力。

❻現在已經完全杜絕了。過去電視會現出屍體等殘酷畫面，視覺上的暴力。

美國也是經過這上述的成長期。當時面對媒體亂象，美國 CBS 制定了一個對事故受害人採訪時的規定：❶受驚嚇的人絕不採訪。❷要本人事先同意才採訪。❸採訪的目的是為往後的教訓，杜絕重覆發生。而非為觀眾的好奇心而作。

日本當時沒有現在的 BPO 管制節目內容的單位，媒體是經歷了二十多年，在這歲月中實際經歷犯錯的反思才進化到今天。

回想起自己當時的採訪，現在在電視公司新聞部出身的部長們仍會蹙一下眉頭，似乎都有一段羞愧的經驗。不過終究是為有實際犯錯痛過的人才知改進。

●對受害者、受害者家人的麥克風暴力。

一九八八年，日本高知縣的學生一團去上海畢業旅行，途中遭到火車相撞事故。學生的家人在飛機場悲慟不已地等待遺體時，記者群一窩蜂湧上前問「你現在心情如何？」（台灣的記者不寂寞，不

過日本早已經不作了）

一九八五年日航墜機死五百二十人，歌手坂本九也是罹難者之一，那個畫面仍在我腦海裡，他的妻子在傷心欲絕深悲中還要面對上百位的記者的問題：「什麼是你們最珍貴的回憶……」諸如此類沒神經的問題。（台灣的記者不寂寞，不過日本已經畢業了）

對這件事國民將心比心，開始反感了，於是首先是青森電視效法美國 CBS 制定了採訪規約：不對遺族作麥克風採訪。這個運動之後開始傳遞了整個媒體界。

● 人權和新聞自由的界線

一個恐怖、殘酷又離奇的案件，叫宮崎的男子誘拐幼女後殺害，將屍體放在幼女家門口，震驚日本。犯人抓到了之後，連夜連日是報導這犯人的性癖、平常喜歡看什麼書、什麼 AV 錄影帶。並且這一樁罕見的變態案件，大家會聯想他的父母家人也是變態嗎？是長什麼樣子？作什麼職業？媒體報導似乎在競爭誰深入隱私最深……。自此引發社會思考，犯人、他的家人有沒有人權和隱私權？

● 報導的倫理：在攝影師前有人當場被殺，是該救？還是該拍下來？

那是震撼社會和媒體的一幕，相信當時在看電視的觀眾都以為是在作戲，之後看到兇犯拿著血淋淋的刀子走出來才知道是真的。

在一九八五年，在大阪的一個巨額投資詐欺案件，該詐欺公司豐田商事會長躲在家裡，外面是圍了一大群的媒體。這時一名持著

刀的男子就在一群群攝影機前，在眾目睽睽之下，持刀打破窗戶進入室內當場刺殺了會長，之後出來到鏡頭前秀著那支血淋淋的刀。從犯人破窗入室到殺人出來，從頭到尾十分鐘，而在場的記者群竟沒有一個人上前制止。這是前所未有的事件，不少民眾打電話去電視公司抗議：人命和報導，那一個重要？

● 過熱報導

雅子在婚前被認為是最可能的皇太子妃候選人之後成為媒體的焦點。當時她還在外交部上班，她停在停車場裡的小車子裡面是聽什麼 CD，一個個照得清清楚楚（還好是一些古典音樂……笑）。雅子之後赴英國留學，據說其實是為了避開媒體，而電視也追到英國去，天天等她上、下課，緊追不放。雅子被逼到抓狂，終於氣得說：「誰要嫁去那種地方（皇室）！」『那種地方』對皇室不敬的話惹上了一堆批評，包括右翼人士。不過社會輿論是同情她，對媒體的過熱報導引起了公憤。之後，在宮內廳的要求之下，媒體「自肅」（即自律，不再追了）。

不過這個自肅，又引起外國媒體的議論。民主國家有新聞自由是應該的，怎麼政府的一句話，立刻從過熱報導一變成完全不報？日本媒體還真是受控於法西斯啊，外國記者都覺得不可思議。

● 這是久留日本電視史的一椿慘劇。

住在橫濱的律師在一個晚上一家三口包括嬰兒離失蹤。當時這位坂本律師正致力於幫助脫教的信徒和奧姆教對抗，所以最可疑的是奧姆教，但是警方沒有足力證據去搜查。一直到奧姆教在東京地

下鐵內放沙林毒氣的恐怖行為後，從口供得知律師一家三口被殺埋在山裡。而為什麼要殺？犯案教徒供出是因為有風聲得知坂本律師已經搜集到不少奧姆教罪行的人證、物證，並且接受了 TBS 電視雜聞秀節目的專訪，準備近日要在電視揭發。於是奧姆教徒赴 TBS 電視公司對節目的工作人員交涉，（是脅迫，還是交換條件，為何屈服不知真相）讓奧姆教徒看要播放的坂本律師專訪的錄影帶、看完後，教徒們確定不能讓坂本律師活下去，不然對教團極為不利。一不作二不休，半夜五、六個教徒去律師家殺害了全家。

雖然給奧姆教徒看錄影帶的工作人員不是 TBS 的正社員，是下游公司，也沒有人想到光是看錄影帶會引出這麼一椿命案（當時社會尚不太認識奧姆教的恐怖）。但是 TBS 自此停掉了歷史悠久從開局就有的所有雜聞秀節目，達十多年之久，為懲罰自己。

● **獨家報導人人要，但要靠運氣。**

那沒運氣怎麼辦？那就自己「生出來」吧。日文叫「やらせ」，作假戲報導。

這是惡性競爭下最壞的一個例子，十多年前朝日電視下午的雜聞秀，標題很聳動「獨家特報！中學太妹受性虐待的自白」。內容是暴走族數人對兩名中學生少女毆打施暴，但是播完後被揭發，是該雜聞秀的工作人員請暴走族合作的假戲。

被揭發後，朝日電視的社長在電視上對全國鄭重道歉，停掉這個雜聞秀。並且節目主持人也從演藝界退身了。「やらせ」作假戲這一個單字也是從這時期流行，也成為社會監督報導內容的新角度。

整個業界開始對即使小小的「假戲」都極為敏感。比如在一個

NHK 特輯內探險高山祕境，其中有人得高山症呼吸困難又途中遭遇了流砂，之後被揭發那是假的、演的。NHK 會長川口立刻召開記者會對全國道歉。假戲報導是現在媒體絕不敢犯，會遭臭萬年的罪行。

● NHK 助長黑道？

黑道組織的內部，誰都會好奇，NHK 作了這特輯，但是目的是什麼？只是滿足觀眾的好奇心？

在一九八四年一個 NHK 的特輯「你從不知道的山口組的組織內幕」。當時是日本最大的黑道組織山口組的第三代頭子田岡剛去逝，第四代頭子要繼承時引起了分裂抗爭，而引起社會的注意。

這是山口組的頭子首次出現在電視上，也是首次電視攝影機進入山口組織內部拍紀錄片。從黑道如何替人討債、賭博作弊、強索保護費、販毒等等資金來路的實情作紀錄片。但是，問題是，片中並沒有對黑道行為有否定、批判的意思。許多民眾打電去抗議「是在助長？」那介紹的意義是什麼？滿足好奇心而已？

媒體不敢得罪黑道批評這危害社會的組織，就是明顯對黑道低頭，這特集的目的是什麼？這種抗議是我們國民的責任不是嗎？

電視媒體的進步就和現在網路一樣，是人類史上從未經驗過的，它沒有路標，也不知界限在那裡。直到你踏出界限受到慘痛的教訓，方知那裡是應該停止的界限。

每次的錯誤都激起國民的思考，自八〇年代後期，各電台開始開創前所未有的討論性節目，NTV 的《犯罪的報導，媒體的行為》、TBS 電台《新人類，如何發展》、朝日電台《通霄討論》，這些奠定

了日後大型討論形節目盛行的基礎。節目中邀請各界人士不留情、不給面子的批評電視報播的是非。因為媒體既然是監政的工具，自己本身也要監督自己，這是唯一建立起社會信用之路。

複眼能力

　　一九九〇年代是世界秩序重新洗牌的時代。這歷史的劃期，地球的脈搏激烈的鼓動實在是超越了文字報導可以涵蓋的範圍，必須加入視覺與聽覺，電視十足發揮了功能。

　　一九八九年，天安門前以肉身擋住戰車前進的年輕人的影像仍在大家記憶裡，它超過文豪的文筆描述；一九八九年在柏林圍牆上幾位年輕人用鐵鎚拚命要敲碎牆壁的「砰、砰、砰」還在耳裡。波斯灣戰爭美軍飛彈如同電玩般的一個個擊落伊拉克軍機「好爽，又中了」的畫面；在日本國內是戰後的經濟、政治體制都到了盡頭，也就是泡沫經濟結束，絕對鐵飯碗的大公司的長期銀行、山一證券倒閉；自民黨五十年執政終於輪替了；日本首次的恐攻 —— 奧姆教在地下鐵內放毒氣；奧尻島大海嘯；阪神大地震等等，破天荒從根柢蛻變的大事件必須由電視影像的報導增多，電視也開始對自己背負的社會重責有了自覺。

　　現富士電視公司資訊製作局長堤康一先生是入社以來一直都是新聞部，親臨過上述種種的重大報導。他回想起來，在八〇年代是電視大躍進時代，包括他自己，大家橫衝直撞、毫無紀律，很有感慨。不過沒有經歷過那一段也沒有今天的成長。而成不成長的關鍵是在於，接不接受批評、反不反思自己的行為。

　　他提了一件不過是這幾年前的一個案子又令他學習到了。

　　這個案子稱「山口縣母子殺害案件」。犯人在犯案時是未成年十七歲，也是它複雜化的原因。犯人闖入民宅姦殺了母親，也殺死在一旁哭啼的嬰兒，其殘暴行為是向來反對死刑的人也都失語了。日本法律是未成年一般不會被判死刑。對此，死者的先生在記者會上鄭重表示「他若不受死刑，反正出獄了我也一定會親手殺他」。雖然社會輿論都非常同情受害者的遭遇，但由於電視不斷的重播：「我會親手殺他」的話引發爭議。而引爆社會公憤的是，在初審，他逃過了死刑被判無期徒刑，之後，犯人得意揚揚的寫了一封信給朋友，朋友將它公開在媒體上，因為令人咬牙切齒。信中凌辱死者和凌辱死者的先生：「那傢伙在跩什麼！」也挑釁社會：「沒法對我怎麼樣」。媒體是站在群眾的心理的那一邊，全國媒體對犯人怒濤般的批判「無人性」、「毫無悔意」……。

　　唯獨一家電視台，東海電視作了一個非常仔細的特輯：這犯人的心理背景，他自幼受父母苛酷虐待和在學校受霸凌的遭遇，這和他人格扭曲的關係。

　　雖然在最高審，他終於被判處死刑，法官宣判文的譴責和媒體一樣：「無人性的行為，並且無悔意，不會更生。」媒體的批評是對的，沒錯，但是，日本放送倫理協會BPO，對媒體的播放嚴厲譴責。

　　BPO（Broadcasting Ethics and Program Improvement Organization）是在二〇〇三年由三個機構統合成立，監督電視媒體的組織。

　　和台灣NCC大不同的是，它不是用公權力來管制，也不像NCC權力過於集中，而淪為政黨鬥爭的舞台。BPO純粹是以探討電視播報內容是否抵觸人權、倫理、青少年身心健全，以及節目的品質向上。組織成員原本有NHK以及各商業電台代表；2007年改組，

目前委員是以教授、律師、劇本家、企業顧問、作家、評論家等等各行業公平客觀的第三者。也定期在全國各縣市和當地電視公司、民眾作意見交流。BPO 是國內受尊敬，有思想、有大愛、有哲學的人士所作的批評，電視公司都臣服接受。

BPO 指責媒體對此案件的報法過於偏激、偏向。堤康一說被指責後，他冷靜思考：確實，一個人會從生下來就是個無人性的魔鬼嗎？是經過什麼樣的精神上扭曲、什麼樣的負面的連鎖而形成的。這不是膚淺的同情（因為世界上也有人受了折磨仍是好人），而是報導的角度也應探討人性被扭曲的過程，作為世間的警剔和學習。這一點沒有作到。

他檢討著，報導不是光報大眾愛聽的話，迎合大眾、替大眾出氣和大眾嘩然，媒體應持有複眼，從不同的角度探索，從多方面取材。

他說：「媒體對這個案子的批判都是對的，是正論，但是大家說的都是對的就代表那是整件事的唯一真相嗎？」

「聆聽批評，這是唯一進化之道。」

五、再次談，觀眾的力量——「觀眾中心」是寶庫

日本電視公司裡的「觀眾中心」部

　　日本每一家電視公司都有「觀眾中心」的部門直接聽取觀眾的意見。

　　近年來有一個變化是，過去都是透過總機，現在都開設了直播的電話號碼，這意思是：擴大並且重視這個部門。筆者會知道這一個消息，是因為自己本身也會打，看到內容實在太過份，或是重要內容有誤，但也會打去讚賞鼓勵。

　　對同一個節目的同一個人，我連續打過兩次電話激勵的是朝日電視台早上雜聞秀每週四玉川徹記者的專欄（第三章之例）。因為我可以想像他討伐官僚的弊端，不斷深入揭發黑箱作業必壓力很大。官僚也不會坐以待斃，玉川是到底是公司組織內社員，權勢可以對他的長官施壓，我也聽過同一個公司製作人的朋友私下告訴我：「XD！為了那個記者我不時就要去總理府道歉」。

　　日本的新聞自由在世界排行七十四名，比二○一五年倒退了十位。安倍政權在大選前會傳真給每家媒體「請公正報導」施壓；對安倍政策核電政策嚴屬批評的資深新聞主持人古館一郎、國谷弘子、岸井在二○一六年全都下台。記者為監督制衡政府，爭取國民的權益在第一線勇敢的衝鋒陷陣，而我們國民不能坐享「第四權」，我們能作的就是要以實際行動形成後盾。很簡單，撥個電話替戰士打氣，補給精神糧食，是我們唯一能作的，雖然我認識這位記者的上司，可以直接褒勉，但是我刻意透過「觀眾中心」打進去，因為「觀

眾中心」會將觀眾意見全部發給全公司的人看，這才夠力！

現在帶讀者來參觀日本電視公司內部的「觀眾中心」，這裡現在被稱為是個「寶庫」，為什麼？

這個部門其實是我最想看的。因為二十多年前我在電視公司時，這部門在公司裡只被視為是個「專聽觀眾臭罵」的一個小角落。所以我想像：接線小姐一定是一邊聽牢騷一邊擦著指甲油或是和同事作鬼臉，吐舌頭；不管嘮叨怒罵的內容是什麼，只要聽完了就以甜美的聲音機械化地說：「感謝您的寶貴意見」就了事。這裡一定是如同電視公司的「砂袋」，讓觀眾發洩的地方……。這是我想像。

我興致勃勃來到了 TBS 的「觀眾中心」。除了這是得到特別允許才能採訪之外，我上星期才打電話來這裡抗議過的，而今天能夠深入內部看作業以及看到接了我抗議電話的接線小姐的真面目，引發了我已經忘了許久的童心好奇心。

先說結論，採訪完畢後不但對先前的想像完全改觀，並且深深感到觀眾看電視的力量，觀眾關心的力量，就是培養第四權的力量。這裡就是將你的聲音加工成力量的工廠。改革社會的力量來自於你的發聲。

光是這一點我就已經落伍了二十年，我起先想像的是，離這個房間遠遠得就可以聽到電話鈴響聲響不停，但是一進到房內，約有二十多個人，竟是鴉雀無聲。我採訪的木村部長笑著告訴我，現在是電腦接線，大家戴著感度高的耳機和小麥克風，說話的聲音連隔壁的人也聽不大到。

另一個意外的是，接線也有男士，這也不是我想像的「只是來當挨罵砂袋的人必是在家沒事作的歐巴桑、歐吉桑」。不，都是朝氣十足的二十～四十歲左右的人，因為他們的工作是替公司經營開墾這個「寶庫」。

上星期為什麼我打電話來這裡抗議，是因為 TBS 每週六晚的雜聞秀主持人之一的北野武有一段約三分鐘的段落，讓他以講笑方式說說時事，而上週他從頭到尾只不斷地唸著他新導的一部電影的名字，刻意加深觀眾印象，用電視公器作這麼過份的私人作品宣傳。（第六章商業置入，這個沒有「必然性」）

人的感受都差不多。當你不是為私利或偏激的喜厭，是為公正、公平、正義的話，大家的感覺都是一樣的。木村部長告訴我，那天確實許多相同抗議的電話打進來。

抗議和發牢騷是完全相反的兩回事。筆者在《用餐禮儀》書內提過，比方對飯店、餐廳的服務不好，提出「客訴」是為誰？世界所有一流飯店、餐廳的老店之所以能達到一流，就是從客人的不滿的訴求中改進的。「客訴，是我們重要的資料（data）」，這不是在裝謙虛，歷史悠久的一流飯店就是長年累積客訴愈多才能達到無微不至的，滿分的服務。

台灣充斥的「鄉愿」風氣是成為先進國家的一大阻力。有個錯

誤的觀念，以為「算了」「不要計較」是自己寬宏大量，不，「鄉愿」只是在美化自己的自私。比如有一次，朋友在便利商店買的冷凍湯圓已經過期一年了。朋友表示，只二十塊錢算了，不要抗議，丟了就行了。這是一種只掃門前雪，自己的利害不大就懶得出聲，懶得出力。可想過，這店裡可能還有不少過期的湯圓，視力不好的老人可能不會注意到……。當你在抗議、遏止不正的事，不是為了小我在宣洩、發牢騷。現時代誰不忙？人人都為自己的事忙，但是仍肯付出精力為不公不義發聲的原動力是來自：為了大公的大愛。

並且，當你的客訴不是為了自己的利害時，反而更能平常心、心平氣和地告知對方。一流的客訴方法是不用怒罵，是論述。

然而，當然也有人純粹為了宣洩、發牢騷。退休在家沒有部下可以罵，反而在家被老婆罵，那就打去電視公司罵，也知道再怎麼罵，接線小姐是絕對不會反駁的，讓你罵到痛快。對這一點，電視公司方面心裡也有防備。

電視公司對打電話或是電子郵件的意見是這樣處理的。

木村部長表示，服務中心的電話從早上九點到半夜開放。一天約有約五百通電話，一百多封電子郵件進來。電話約六成是詢問節目裡頭的詳細資訊，比方剛才電視介紹的店的住址、電話，或是料理的食譜忘了記下來等等。電子郵件則大多是批評。

對批評的意見真不是我之前想像的：「只要聽觀眾罵完就工作結束」，聽完木村部長敘述制度才知道，要將批評當成「寶」，還是當成「精神垃圾」，則是進步、退化的分水嶺。

接線人員一邊回答電話，一邊注視著眼前的電腦畫面，雙手不停地輸進資料。批評意見分成三種方法處理：

❶緊急的事如：播報內容錯誤，或是字幕上有錯字。這若是正在播放的節目，就立刻通知節目負責人作當場修正，並在節目中立刻告知並道歉。

❷公開給全社內：接線生將意見輸入電腦，盡量留下批評意見的「原味」。有人罵髒話，是不必記下原文「王八蛋，XD」，但是要註明「非常激動得大罵」。

大多數人打電話來都是非常激動，要不是到無可忍受是不會打電話的。激動時大多人話講不清楚，接線人員一邊聽，邊在腦裡整理頭緒，待對方說完後，就重覆一次自己「編輯」過的內容給對方聽，問是這樣嗎？這個作法有兩個好處，對方一聽，激動的心情就會撫平下來，並且感到「貴台真細心有用心聽啊」怒氣變成好感。確認了內容後就一一存檔。

這些批評意見的「原石」如何成為「寶石」？首先是在節目結束一個鐘頭後，批評意見就全部整理出來放在社內網頁上。

任何社員只要輸自己的密碼就可以看到所有的意見。

為了識別上效率化，是批評還是稱讚，上面會記上可愛的符號。

除了批評好、壞之外，也有觀眾對節目作法的要求和建議。

有一個傾向是，愈是高收視率的節目，打進來批評的電話意見愈多。電視公司很清楚，若是一個節目糟到爆，觀眾可以馬上轉台，你去爛吧，根本也不必費力氣打電話，就是因為在意才會打電話來罵。收視率低的節目反而沒有反應。

❸一個節目結束一個鐘頭後，全體社員立刻可以看到意見之外，觀眾中心部門也編製日報和週報發給全社員看。從社長到每一

個社員都看的到什麼節目、
有什麼樣的意見。木村部長
表示，他們除了過濾一下髒
話，或是相同的人重覆寄郵
件之外，不過濾任何意見。

　　木村部長二十六年前入
TBS，之前是在製作部的最
前線，她四年前被調到這個部門時，首先是去其他企業受訓。

　　日本的各種產品，從家電、食品、化妝品，都非常重視顧客的
意見，對「客訴」的歷史比電視公司悠久。因此她首先就去幾家著
名的大企業受訓，其中她極力推崇花王公司的客訴服務。她說，花
王最致力於「客訴」，其歷史是始於七〇年代，因為知道這裡面全是
寶！

　　每一個化妝品用後的效果、人人感覺不同，每一個顧客都是一
個重要 data。這活生生的數據 data 是用錢也買不到的。

　　受訓內容是聲音和應對上的技術。例如，第一聲「您好」要刻
意將聲調偏高一點，聽起來較快活、積極且有「歡迎您的意見」的
氣氛。打電話來的人不少是火氣當頭，不要反駁或藉口，只要「是、
是」照實記錄下來。

　　除了技術上的訓練，也要保護自己訓練不被對方的語氣所動，
以免累積成憂鬱症。這裡是公司對外的第一道防線，被罵到臭頭。
雖然知道對方不是在罵自己，但是沒有人好受，要學習把自己變成
一團空氣，讓它貫穿過去，不要像棒球的捕手，一球一球接到心裡

去。從技術到心理都有細緻的制度化。

觀眾的喜好與關心的焦點是什麼？可以從瞬間收視率及這最直接的「觀眾中心」的意見知道。電視公司有不少製作的點子是從觀眾的批評得到靈感的。

原石就在你的眼前，會不會把它變成寶石，在你。

我們曾經傲慢過

她第一次說「觀眾的意見是我的寶」的時候，我沒當真，因為那是常聽的老套謙虛客套語。當她說第四次、第五次時，我確實感到她說的是肺腑之言。電視公司真實了解到觀眾的意見就是直接在指點，在熾烈的電視競爭中活存下去的路。

NHK 的招牌節目除夕夜的「紅白歌賽」，在剛開播的一九五三年的收視率是 81％。之後幾乎都有 50％左右，而這十多年是降到 30％左右。NHK 嘆息每況愈下，每年挖空心思要挽回收視率，比方邀請從不上電視露臉的名歌手等等的新點子。但是收視率持續滑落。這個哀嘆其實很 Non-sense，枉費 NHK 是向來牽引著國民的知性的平台。現在不會有一個先進國家的歌唱節目達超高收視率了，又不是像北韓等集權國家只有一個電視台，娛樂只有看電視！木村部長很清楚這一點，「現在在家裡的娛樂是多得數不清，音樂、電影、DVD、電腦遊戲、網路遊戲、網路交友 SNS……等等，電視只是其中之一的選擇。」

「我們的確曾經驕傲過」她說。

我記得三十多年前我剛定居日本時，好友告訴我：「你不知道要

看什麼節目的時候，就轉 TBS 第六台吧」。到了八〇年後半，泡沫經濟巔峰期時，廣告時段有錢也買不到。他們形容當時是「企業要在電視台門口排隊」。電視台還會選擇形象好的企業為提供商呢。很明顯泡沫經濟結束的現象是，在過去電視公司都不播一些廣告，如貸款公司、賭博性事業（如賽馬、賽船等）和宗教，而現在這些都是金主了。

「在過去我們第一在乎的是廣告商，至於觀眾，我們相信只要我們播什麼，觀眾就會跟著看什麼。這種傲慢不光是在製作節目，平常在拍外景時，電視公司也覺得自己了不起。比如理所當然的阻擋行人，或是車子停在不該停的地方，有特權意識。」（正是台灣的電視台目前的作風）

但是時代變了。有沒有注意到時代怎麼變？自己的方針要不要隨之改變？這就是今後存、滅的分水嶺。

TBS 作出具體的改革是約八年前開始實施：每一位進公司的新人，以及每一位要升次長、部長級約四十歲左右的人，必定要前往這「觀眾中心」親自作接線工作。

當時驕傲成性的主管們每一個人都很錯愕「什麼？要我親自接聽觀眾的臭罵！？」許多大牌的製作人剛開始很反彈，並且被資深接線小姐要求：「音調要比平常高一點，才顯得我們積極有誠意接聽意見」。不少製作人剛開始接批評電話時：「一般我要是接到這種電話會馬上就掛掉，但是都忍住耐心得聽完。」過了一段時間後，傲慢被磨平了。與其說「磨平」應該說是回到原點，重新腳踏實地了。似乎看到了長年來自我膨脹過的自己，大家變得虛心了，那些意見句句就是觀眾真正的心聲。

　　觀眾意見是自己送上門的珍貴民調，製作節目的參考的材料。高收視率不是靠誤打誤撞，背後是有分析這些批評意見的結果。

　　電視這個公器是我們全國民的財產。它的品質、方向和存亡實在是操之於觀眾。你手上的遙控器可以搖控未來。

　　只要你關心，社會就會變。

walkers
遠足文化

電視低能我們損失什麼？
——日本電視也是從低能走出

作　　者：陳弘美
圖片來源：陳弘美
取材協力：TBS 電視公司
責　　編：韓秀玫、叢榮成
插　　畫：小瓶仔
封面設計：徐嘉翔
美術排版：bear 工作室
出　　版：遠足文化事業股份有限公司
社　　長：郭重興
總 編 輯：韓秀玫
發行人兼
出版總監：曾大福
發　　行：遠足文化事業股份有限公司
電　　話｜02-22181417
傳　　眞｜02-86671851
客服專線｜0800-221-029
官方網站｜http://www.bookrep.com.tw
法律顧問｜華洋國際專利商標事務所 蘇文生律師
印　　刷｜成陽印刷股份有限公司
初　　版｜2017 年 4 月 5 日

定價 380 元
ISBN 978-986-94425-2-7（平裝）

國家圖書館出版品預行編目 (CIP) 資料

電視低能我們損失什麼 ?—日本電視
也是從低能走出 / 陳弘美作 .
-- 初版 . -- 新北市 : 遠足文化 , 2017.04
　　面；　公分
ISBN 978-986-94425-2-7(平裝)
1. 社會 2. 文化 3. 日本

540.931　　　　　　　　106002193